淘宝网开店、装修、推广一本通

陈志民　编　著

清华大学出版社

北　京

内 容 简 介

随着网络发展，网购成为人们生活中不可缺少的一部分，网购人群不断发展、壮大，在这样一个背景下诞生了一种新的销售方式，即网上开店。网上开店投入不大、经营方式灵活，可以为经营者提供不错的利润空间，成为许多人的创业途径。

本书是为淘宝新手卖家编写的网店入门书籍，全面讲解了淘宝开店的流程及店铺经营管理的所有操作，包括开店基础、商品拍照、宝贝美化、注册会员、淘宝开店、店铺装修、交易管理、网点经营、营销推广、评价管理、物流发货、客户服务、电脑安全等，还通过经验提示为新手卖家介绍了开店过程中的必备技巧。

本书通过图文讲解，通俗易懂，适合初级卖家、网上开店的创业者使用，也适合对网店经营感兴趣的读者阅读使用，同时还可以作为自主创业课程的培训教程或者学习辅导书。

图书在版编目(CIP)数据

淘宝网开店、装修、推广一本通/陈志民编著. --北京：清华大学出版社，2015（2016.5 重印）
ISBN 978-7-302-38030-6

Ⅰ. ①淘…　Ⅱ. ①陈…　Ⅲ. ①电子商务—商业经营—基本知识—中国　Ⅳ. ①F724.6

中国版本图书馆 CIP 数据核字(2014)第 219953 号

责任编辑：汤涌涛
封面设计：刘孝琼
责任校对：王　晖
责任印制：刘海龙

出版发行：清华大学出版社
　　　网　　址：http://www.tup.com.cn，http://www.wqbook.com
　　　地　　址：北京清华大学学研大厦 A 座　　邮　编：100084
　　　社总机：010-62770175　　　　　　　　邮　购：010-62786544
　　　投稿与读者服务：010-62776969，c-service@tup.tsinghua.edu.cn
　　　质 量 反 馈：010-62772015，zhiliang@tup.tsinghua.edu.cn
　　　课 件 下 载：http://www.tup.com.cn,010-62791865
印 刷 者：三河市君旺印务有限公司
装 订 者：三河市新茂装订有限公司
经　　销：全国新华书店
开　　本：169mm×230mm　　印　张：23　　　字　数：332 千字
版　　次：2015 年 1 月第 1 版　　　　　　印　次：2016 年 5 月第 3 次印刷
印　　数：4501～5500
定　　价：49.00 元

产品编号：056071-01

前　　言

随着互联网的发展、电脑及智能手机的普及，人们可以待在家里或走在路上，动动手指，即可以随时逛商店，购买喜爱的商品，这种全新的购物方式称之为网购。由于网购的互动性强，加上简便快捷的操作，使之逐渐成为人们日常生活不可或缺的一部分。

网购人群不断发展、壮大，在这样一个背景下诞生了一种新的销售方式，即网上开店。网上开店投入不大、经营方式灵活，可以为经营者提供不错的利润空间，成为许多人的创业途径。

● 本书主要内容

淘宝网作为新手卖家来讲是一个很好的平台，但是随着淘宝规则的不断变化，很多卖家在网上开店的过程中遇到各种问题，为了帮助需要在网上创业的淘宝新手卖家，本书将淘宝开店的所有流程与操作编写在一起，使用通俗易懂的操作步骤，穿插清晰的图片，对淘宝开店前期的准备工作以及开店过程中对店铺的管理、营销、推广及开店后期电脑的安全等各方面知识进行全面讲解。

本书共分 14 章，分别从开店基础——一起来淘宝开店吧、商品拍照——商品拍摄知识、宝贝美化——使用专业软件处理照片、注册会员——淘宝账户注册、淘宝开店——淘宝开店大攻略、基础装修-店铺基础装修、精装修——旺铺精装修、交易——完成商品订单、管理——学好网店经营、推广——不能不知的营销手段、评价——打造信誉度高的店铺、发货——物流很重要、客服——网店的金牌客服、电脑安全——电脑防护知识等内容对网店的流程进行全面分析及讲解。

● 本书适合读者

本书面向的是初级卖家以及网上开店的创业者，也适合对网店经营感兴趣的读者阅读使用，同时还可以作为自主创业课程的培训教程或者学习辅导书。

目　　录

第1章　一起来淘宝开店吧 1

1.1　了解网上开店 2
　　1.1.1　什么是网上开店 2
　　1.1.2　网上开店平台 2
　　1.1.3　独立商城 5
　　1.1.4　网上开店优势 8

1.2　认识淘宝网 10
　　1.2.1　淘宝开店 11
　　1.2.2　开店的模式 11
　　1.2.3　开店选择 12

1.3　淘宝开店的必备装备 12
　　1.3.1　硬件装备 12
　　1.3.2　软件装备 13

1.4　跟着流程来开店 18
　　1.4.1　销售市场 18
　　1.4.2　选择平台 18
　　1.4.3　货源与进货 18
　　1.4.4　开通店铺 21
　　1.4.5　发布商品 21
　　1.4.6　管理、营销推广 22
　　1.4.7　订单交易 22
　　1.4.8　评价管理 22
　　1.4.9　客服服务 22

第2章　商品拍摄知识 23

2.1　拍摄前提 24
　　2.1.1　选择合适的相机 24
　　2.1.2　选择辅助器材 25

2.2　拍摄常用功能 28
　　2.2.1　微距功能 28
　　2.2.2　白平衡 29

2.3　拍摄技巧 30
　　2.3.1　光线角度的影响 30
　　2.3.2　分类拍摄 32

第3章　使用专业软件处理照片 39

3.1　善于使用水印 40
3.2　抠图换背景 42
　　3.2.1　去除宝贝背景 42
　　3.2.2　替换宝贝背景 45

3.3　把握合理的尺寸 47
　　3.3.1　图像压缩 47
　　3.3.2　扩展画布 48
　　3.3.3　图像裁剪 49

3.4　修复照片 51
　　3.4.1　处理污点 51
　　3.4.2　修正倾斜变形的照片 53
　　3.4.3　修正偏黄的照片 55
　　3.4.4　修正偏蓝的照片 56

3.5　美化宝贝照片 57
　　3.5.1　恢复宝贝颜色 57
　　3.5.2　提高图片清晰度 59
　　3.5.3　处理过亮的照片 60
　　3.5.4　处理偏暗的照片 62
　　3.5.5　使用马赛克 63
　　3.5.6　商品投影 65

3.6 宝贝照片修饰 68
　　3.6.1 添加边框 68
　　3.6.2 图文修饰 70
　　3.6.3 促销标签 73
3.7 使用美图秀秀 76
　　3.7.1 调整尺寸 76
　　3.7.2 处理曝光不足 78
　　3.7.3 图片调色 80
　　3.7.4 添加图片边框 82

第4章 淘宝账户注册 85

4.1 加入淘宝会员 86
　　4.1.1 注册淘宝会员 86
　　4.1.2 修改个人头像 87
4.2 安全支付宝 90
　　4.2.1 了解支付宝 90
　　4.2.2 我的支付宝 90
　　4.2.3 支付宝的实名认证 93
4.3 关联注册 98
　　4.3.1 网上银行 99
　　4.3.2 电子邮箱 101

第5章 淘宝开店大攻略 103

5.1 集市免费开店 104
　　5.1.1 开店认证 104
　　5.1.2 开通旺铺专业版 107
5.2 设置店铺 108
　　5.2.1 商品分类设置 109
　　5.2.2 店铺信息修改 111
5.3 摆货上架 116
　　5.3.1 商品信息准备 116
　　5.3.2 发布"一口价"商品 118

5.3.3 发布"个人闲置"
　　　　商品 122
　　5.3.4 发布"拍卖"商品 124

第6章 店铺基础装修 127

6.1 店铺装修用到的各种图像
　　文件 128
　　6.1.1 JPEG 图像格式 128
　　6.1.2 PNG 图像格式 128
　　6.1.3 GIF 格式 128
　　6.1.4 PSD 格式 129
6.2 店铺图片的存储空间 129
6.3 店铺风格的定位 130
　　6.3.1 选择模板 131
　　6.3.2 选择样式配色 134
6.4 布局管理 135
　　6.4.1 布局的重要性 135
　　6.4.2 添加单元与模块 136
6.5 新建自定义页面 140

第7章 旺铺精装修 143

7.1 店铺招牌 144
　　7.1.1 店招设计 144
　　7.1.2 店招制作 145
　　7.1.3 热点与链接 155
　　7.1.4 店招上传 159
7.2 店铺宝贝分类 163
　　7.2.1 宝贝分类设计 164
　　7.2.2 宝贝分类制作 164
　　7.2.3 图片切片 170
　　7.2.4 宝贝分类上传 171
7.3 宝贝描述 174

7.3.1 宝贝描述的组成 174

7.3.2 宝贝描述设计 176

7.3.3 宝贝特色图制作 177

7.3.4 宝贝描述上传 181

7.4 店铺背景 182

7.4.1 平铺式背景制作 182

7.4.2 背景上传 184

7.4.3 固定背景 187

7.5 获取链接地址 191

7.5.1 宝贝链接 191

7.5.2 收藏店铺链接 192

7.5.3 获取客服链接 194

第8章 完成商品订单 197

8.1 交易必备阿里旺旺 198

8.1.1 下载与安装阿里旺旺 198

8.1.2 登录阿里旺旺 201

8.1.3 编辑旺旺资料 202

8.1.4 旺旺系统设置 204

8.1.5 查找并添加联系人 206

8.1.6 添加买家为好友 208

8.1.7 添加买家好友分组 208

8.1.8 加入旺旺群 210

8.1.9 建立店铺的旺旺群 212

8.1.10 快速查看聊天记录 214

8.2 网店交易全过程 216

8.2.1 宝贝被拍中，与买家
沟通 217

8.2.2 答复买家，促成买家
付款 217

8.2.3 修改宝贝价格 218

8.2.4 即时发货 219

8.2.5 给买家做出评价 222

第9章 学好网店经营 225

9.1 善用淘宝助理 226

9.1.1 认识淘宝助理 226

9.1.2 淘宝助理的安装与
使用 226

9.1.3 轻松掌握宝贝上架
时间 228

9.1.4 批量编辑宝贝 232

9.2 店铺全方面优化 234

9.2.1 为什么要优化 234

9.2.2 店铺招牌命名 235

9.2.3 优化宝贝标题 236

9.2.4 客服掌柜命名 239

9.2.5 橱窗推荐宝贝 239

9.2.6 优化宝贝的上下架
时间 242

9.2.7 店铺推荐位 242

9.2.8 建立友情链接 243

9.3 完善商品管理 245

9.3.1 宝贝描述 245

9.3.2 修改商品信息 245

9.3.3 商品二维码 251

9.3.4 宝贝体检 251

9.4 店铺动态 253

第10章 不能不知的营销手段 257

10.1 套餐推广 258

10.1.1 "满就送"套餐 258

10.1.2 搭配减价套餐 260

10.2 促销推广 261

　10.2.1 限时打折 261

　10.2.2 店铺优惠 262

　10.2.3 免费试用 263

　10.2.4 天天特价 265

　10.2.5 聚划算团购 267

　10.2.6 免邮活动 269

　10.2.7 秒杀活动 270

　10.2.8 集分宝 271

　10.2.9 买就送 273

　10.2.10 促销红包 274

　10.2.11 活动抽奖 278

　10.2.12 店铺 VIP 279

10.3 关联营销 284

　10.3.1 关联营销的优势 284

　10.3.2 关联营销的方式 284

　10.3.3 关联营销的位置 285

10.4 淘宝推广 286

　10.4.1 淘宝直通车推广 286

　10.4.2 淘宝客推广 287

　10.4.3 淘宝论坛 288

　10.4.4 淘宝帮派 290

10.5 充分利用其他网络推广 295

　10.5.1 动用网下各种宣传
　　　　 关系 295

　10.5.2 微博推广 295

　10.5.3 使用站内信 295

　10.5.4 电子邮件推广 297

　10.5.5 蘑菇街分享 298

第 11 章　打造信誉度高的店铺 301

11.1 卖家信誉度的衡量标准 302

11.2 为什么买家在乎店铺信誉 302

11.3 淘宝网的评论规则 302

　11.3.1 信用评论规则 302

　11.3.2 店铺评分规则 304

　11.3.3 切忌炒作信用 305

　11.3.4 炒作信用的后果 306

11.4 设置评论有礼 307

11.5 处理中差评 310

　11.5.1 中差评产生的主要
　　　　 因素 311

　11.5.2 收到中差评的解决
　　　　 方法 312

第 12 章　物流很重要 315

12.1 选择物流 316

　12.1.1 平邮 316

　12.1.2 快递 316

　12.1.3 EMS 发货 319

12.2 商品的包装 319

　12.2.1 包装常用材料 320

　12.2.2 分类包装 322

　12.2.3 包装技巧 323

12.3 发货的基本知识 323

　12.3.1 选择适合的物流 323

　12.3.2 快递如何省钱 324

　12.3.3 全国服务网点的查询 324

　12.3.4 快递发货的注意事项 326

　12.3.5 物流跟踪 326

　12.3.6 同城交易 327

第 13 章　网店的金牌客服 329

13.1 网店客服 330

　13.1.1 什么是网店客服 330

13.1.2　网店客服须知.................330

13.2　售前客服......................................331

13.2.1　了解顾客心理及顾虑.....332

13.2.2　售前客服技巧.................334

13.3　售中客服......................................335

13.4　售后客服......................................336

13.4.1　售后客服技巧.................336

13.4.2　退换货的处理.................337

13.4.3　面对投诉.........................338

13.4.4　处理差评.........................338

13.5　了解保障性的服务.......................338

13.5.1　"消费者保障"服务.....339

13.5.2　"如实描述"服务........340

13.5.3　"7天无理由退换货"

服务.........................340

13.5.4　"假一赔三"服务........342

13.5.5　"数码与家电30天

维修"服务...................343

第 14 章　电脑防护知识.................345

14.1　电脑安全防护...............................346

14.1.1　杀毒软件.........................346

14.1.2　开机密码.........................349

14.1.3　安全浏览器.....................350

14.1.4　清除垃圾文件.................351

14.2　防范黑客攻击...............................352

14.2.1　综合防范措施.................353

14.2.2　禁止所有磁盘自动

运行..............................353

14.2.3　防范恶意共享软件........355

14.2.4　防范建议.........................356

第 1 章

一起来淘宝开店吧

随着互联网的发展、电脑及智能手机的普及，人们可以待在家里或走在路上，动动手指，即可以随时逛商店，购买喜爱的商品，这种全新的购物方式称之为网购。由于网购的互动性强，加上简便快捷的操作，使之逐渐成为人们日常生活不可或缺的一部分。

网购人群不断发展、壮大，在这样一个背景下诞生了一种新的销售方式，即网上开店。

1.1　了解网上开店

网上开店投入不大、经营方式灵活，可以为经营者提供不错的利润空间，成为许多人的创业途径。那到底什么是网上开店呢？本节将带领大家了解何为网上开店。

1.1.1　什么是网上开店

网上开店是指卖家自己建立网站或通过第三方平台，把商品的各方面展示在网络上给顾客看，然后在网络上留下联系和支付方式，买卖双方相互联系，然后买家以汇款或网上银行的方式跟店主进行买卖，来达成交易的整个流程。

1.1.2　网上开店平台

网上开店创业的朋友，选择什么样的平台，与自己的开业成本有关，同时也对自己的销售结果产生一定的影响。如何选择一个平台来开店，要取决于当前你网上创业所处的阶段，同时你要对各种方式的网上开店进行性价比的分析与比较，这样才会选择出适合你的平台。

目前网店平台有淘宝、拍拍、易趣等，每个平台各有千秋，它们都有其优势和特点，卖家需根据自己的条件选择适合自己开店的平台。下面对这些平台进行初步了解。

1. 淘宝网(http://www.taobao.com/)

淘宝网，顾名思义，没有淘不到的宝贝，没有卖不出的宝贝，它是中国最大的网上个人交易平台，由全球最佳平台阿里巴巴公司投资 4.5 亿元创办，如图 1-1 所示为淘宝网首页。

图 1-1　淘宝网首页

自 2003 年 5 月 10 日成立以来，淘宝网基于诚信为本的准则，从零做起，在短短的两年时间内，迅速成为国内市场的第一名，占据了中国网络购物 70% 左右的市场份额，创造了互联网企业发展的奇迹。在为淘宝会员打造更安全高效的网络交易平台的同时，淘宝网也全心营造和倡导互帮互助、轻松活泼的家庭式氛围，让人们在交易的同时，也可能成为朋友。目前，淘宝网已经成为越来越多网民的第一选择。

2. 拍拍网(http://www.paipai.com/)

拍拍网是腾讯旗下电子商务交易平台，依托腾讯 QQ 超过 5.9 亿的庞大用户群以及 2.5 亿活跃用户的优势资源，具备良好的发展基础，成为中国 C2C 领域一匹潜力十足的黑马。据易观国际最新统计数据显示，拍拍网已经超过易趣网，成为仅次于淘宝网的国内 C2C 网站第二强。如图 1-2 所示为拍拍网首页。

图 1-2 拍拍网首页

3. 易趣网(http://www.eachnet.com/)

易趣秉承帮助几乎任何人在任何地方能实现任何交易的宗旨,为卖家提供了一个网上创业、实现自我价值的舞台。除了拥有品种繁多、价廉物美的国内商品资源,易趣更推出了方便、快捷、安全的海外代购业务,给广大买家带来了全新的购物体验。2012 年 4 月,易趣不再是 eBay 在中国的相关网站,易趣成为 Tom 集团的全资子公司。

2005 年 12 月,易趣修正价格策略,正式推出"免费开店"计划,为网上卖家开辟了一条"零成本销售渠道"。但是在易趣平台上,所有的交易将通过易趣,收取登录和交易服务费。如图 1-3 所示为易趣网首页。

图 1-3　易趣网首页

1.1.3　独立商城

独立商城是通过网店系统、商城系统等网上购物系统构建而成的，其区别于其他多用户商城性质的商城。独立商城就像现实生活中的大型商场一样，拥有自己独立的店标、品牌和企业形象。您能对自己的网上商城进行专业的"装修"，您也能完全拥有用户的详细资料，同时您也可以针对他们做您想做的各种营销活动。您为用户提供热情、周到的服务，商品的价格也因这种附加值的提供而表现出差异化，如经营观念、促销活动等附加值。同时，还可以多一条宣传通道、多一个销售途径、多一种商业模式，这些都能让您的商业经营更有未来。

国内 B2C 网上商城已初步形成四大模式：以天猫(原淘宝商城)为代表的综合平台商城，以京东商城、当当网、卓越亚马逊等为代表的综合独立商城，以凡客诚品、麦包包等为代表的网络品牌商城，以及以银泰网、苏宁易购、国美在线为代表的连锁+网销商城。如图 1-4 所示分别为京东商城和凡客诚品首页。

图 1-4　独立型网上商城

独立商城的好处如下。

1．有助建设自有品牌

开设独立的网上商店可以拥有自己的店名、自己的店标，以及自己的品牌。

2．绑定独立域名

独立网店的域名是自己指定并注册的，就是域名的持有人，可以将持有的域名印制在名片上和宣传册上。

3．方便宣传

拥有自己的网上商店，宣传的将是自己的域名和品牌。客户记住的是你的域名和品牌，因此将有着最好的宣传投资回报。

4．提升企业形象

企业开设自己独立的网上商店。将网店与自己企业的 CIS(企业形象识别系统)进行完美整合，不仅体现了企业形象，更可以带来可观的销售业绩，并为企业打造更具回报的网络推广渠道。

5. 体现企业实力

独立网店可以拥有自己特定的，不易与他人混淆的网站外观、自有的支付方式、自有的购物车。

6. 独享客源

拥有独立网店，宣传推广带来的用户都是自己的，客源是独享的，日后可以反复利用。

7. 避免恶意低价竞争

如果对手恶意低价竞争，商家将苦不堪言，但独立网店则可以在很大程度上避免这种情况的发生，更容易获得更好的利润。

8. 可设定规则

开设独立网上商店，可以自行设定商店的交易规则和模式，设定自己的促销策略。

9. 更易个性化

模板就是网店的衣服或皮肤。独立网店超多个性化模板，结合模板定制，让网店可以拥有与你的企业标准色和视觉识别系统完美匹配的外观。

10. 功能强大，扩展性好

在功能上，独立的网上商店系统更加强大，由于很多网店系统都是针对中小企业来设计的，所以有着丰富而强大的功能。

> **提示：** 网上创业应用最普遍的依然是通过大型网站平台注册会员进行售卖的方式：创业者通过注册成为某大型网站注册会员，然后依靠其网站设立店铺。这种形式就好比在某个大型商场里租个店面或者柜台进行销售，需要依赖该商场的影响力。因此，选择符合销售物品特点的大型网站对于创业者的创业之路是至关重要的。本书以淘宝网为开店的平台。

1.1.4 网上开店优势

网上购物的流行催生了一批批创业者将实体店铺搬到了互联网上。与实体店铺相比，网上开店不仅节约了成本，而且在商品进货、出售、管理等诸多方面也明显优于实体店铺。

那么相对于实体店铺而言，开网店有哪些优势呢？下面就来分析并介绍。

1. 投资少

网上开店与实体店铺相比可大大节省开店成本，而且网店也可以根据顾客的订单进货，与实体店铺相比，不会因为积货占用大量资金。此外，网店经营主要是通过网络进行，不需要专人时时看守，可以省下房租、雇工费、水电气等各类杂费，这样初期投资成本自然就非常低。只需要准备一台联网用的电脑，商品摆放在家里就可以。

相对实体店铺而言，网店仅仅需要支出商品的进货费用，其他都是免费的。当然，具备一定规模的网店可能会需要聘用员工，支出一定的员工工资费用，但一般的网店只需利用自己的空闲时间经营即可，基本上不需要投入太多的人力。

至于网店的进货与库存资金方面，我们知道网店中所展示的只是商品实物图片，这样就可以等待买家下订单后，再去进货。而且还可以做商品代理，这样的网店甚至可以做到零库存。

2. 范围广

如果说一个实体店铺，其购买群体仅限于店铺周边的人群，那么网店就完全没有地域限制，网店中所针对的购买群体，可以是自己所在城市之外、省外、全国甚至全世界。可以说，只要我们的商品有吸引力，那么只要做好随时接待来自各地的买家的准备即可。

同时由于无地域限制，以及购买群体的广泛分布性，我们在开网店后，可以将自己所在地的特色商品、特色小吃等在网店上销售，这样其他地区的人群，也就能够方便地买到卖家所在地的各种特产了。

3．限制少

实体店铺往往要受到营业时间、地点、面积等因素的限制。比如，在某个时间段打烊可能会令你错过很多生意；店铺位置如果人流量小，生意也不会景气；碰上生意爆好，又有可能因为自己店面太小失去许多本该属于自己的生意，而网店受上述因素的限制少。

4．风险小

网店在商品销售之前甚至可以不需要存货或者只需要少量存货，因此可以随时转换经营项目，可进可退，不会因为积压大量货物而无法抽身。

5．成本低

网上开店的创业成本比较低，没有各种税费和门面租金等，而且网店不需要专人的看守，这样就节省了人力方面的投资，网店经营基本上没有水、电、管理费等方面的支出。网上开店的平台是免费注册开店的，所以网上开店的成本是很低的。

6．交易迅速

买卖双方达成意向之后可以立刻付款交易，通过物流或者快递的形式把商品送到买家的手中。

7．打理方便

不需要你请店员看店然后还要跑老远上货，摆放货架，一切都是在网上进行，看到你的货品下架只需要点击一下鼠标就可以重新上货。

8．形式多样

无论卖什么都可以找到合适的形式，你如果有比较大的资金可以选择通用的网店程序进行搭建，也可以选择比较好的网店服务提供商进行注册，然后交易。

9．消费群体广

网店开在互联网上，只要能上网，就有可能成为商品的浏览者和购买者，所以这个范围可以是全国的网民，甚至是全球的网民。只要网店里的商品具有特色、价格合理、经营得法，网店每天将会有不错的访问量，这就大大增加了销售的机会，取得良好的收入。

10．零库存

网店可以根据顾客的订单再去进货，实现真正的零库存运作。这样也就不会有货物积压的事情发生了。有了订单再从厂家拿货，这样就可以以较快的速度把生意做大。

11．不受制约

网上开店不需要像网下开店那样，必须要经过严格的注册登记手续。经营者只要有一台能上网的电脑就可以开网店。网上开店基本上不受营业时间、营业地点、营业面积这些传统因素的影响。经营者既可以是全职经营，也可以是兼职经营。营业时间也比较灵活，只要可以及时查看浏览者的咨询并给予及时回复就不影响营业。卖家不必 24 小时守在店铺中，买家在任意时间浏览了你的店铺，并且看上了店中商品，都可以直接下单。

网店的流量来自于网上，因此，即使网店的经营者在一个小胡同里也不会影响到网店的经营。网店的商品数量也不会像网下商店那样，生意的大小常常受店面面积限制，只要经营者愿意，网店可以显示成千上万种商品。

12．全自动流程

对于销售虚拟物品的网店来说，当买家购买虚拟物品后，后续的发货、收款等一系列流程都是自动的，卖家只需定时到网店收钱，并补充库存就可以了。

1.2　认识淘宝网

"知己知彼，百战不殆"，网上创业的前期准备工作必不可少，本节将带领大家一起认识淘宝开店及开店的模式。

1.2.1 淘宝开店

淘宝网是国内领先的个人交易网上平台。淘宝网自成立以来，迅速扩大影响，致力于成为有志于网上交易的个人最佳网络创业平台。

大型知名的平台能为网店提高点击率，省去宣传费用。虽然大型的平台中网店的数量不计其数，但是只要用户能掌握好开店的各方面技巧，也能在网店的大千世界中独具特色，并收获成果。本书选择淘宝这个平台来讲解在淘宝网中开店的策略，帮助想创业的您一举成功。

1.2.2 开店的模式

网上开店有多种方式，不同的开店方式需要的开店成本也不同，对销售盈利的结果也会产生一定的影响。要选择适合自己的开店方式，首先需要对各种不同的网上开店方式进行性价比的分析和比较。

1．兼职

这是最易实施的一种经营方式。经营者将经营网店作为自己的副业，以增加更多的收入来源为目的。比如许多在校学生就喜欢利用课余时间经营网店；也有不少上班族利用工作的便利开设网店。

2．全职

这就相当于投资创业了，经营者会将全部的精力都投入到网店的经营上来，将网上开店作为自己的事业来做，将网店的收入作为个人收入的主要来源。因此，这种经营方式所要付出的精力及财力比较多，网上店铺的经营效果也会更好一些。

3．实体兼营

已经拥有实体店铺的经营者，为了扩大生意的受益面而兼营网上店铺，这也是比较普遍的一种开店模式。这种网店因为有网下店铺的支持，在商品的价位、销售的技巧方面都更高一筹，也容易取得消费者的认可与信任。

1.2.3　开店选择

网上开店创业有两种选择：一是卖实物；二是卖虚拟物品，如卖点卡，充值 QQ 增值业务等。

1．实物经营

实物经营就是指大多的网购物品例如家居、服装、电器、电子产品等物品，实物因为其固有的特点：投资大、需要物流进货发货、经营成本大、周期长、不利于新手起始经营等特点。而做实体，最重要的是没有信誉又很难卖出东西。所以对网上开店的人来讲要求是较高的。

2．虚拟物品经营

虚拟物品是指话费充值、QQ 增值业务、Q 点 Q 币、游戏卡等，因为他所需要的就是一台电脑和一个自动充值软件，不需要物流进货发货，所以称虚拟物品。

经营虚拟物品的特点如下。

- 投资少、不需要物流的进货发货、风险低、便于新人经营、软件自动发货操作便捷、充值软件发展代理利润高、可以兼职经营。
- 做虚拟充值可以快速提高信誉，这样对你以后做实物可能会有帮助。
- 经营虚拟物品适合所有的人群。

1.3　淘宝开店的必备装备

任何工作或者创业都需要最基本的装备，就像每个武士都需要配备一把刀或者剑，否则何来"武士"的称谓！网上创业也需要一些最起码的"刀剑"，用来建立网上店铺和平常的维护工作。

1.3.1　硬件装备

网上开店当然不是空手就可以成事的，下面介绍一些硬件装备供卖家选择。

1．电脑

网上创业顾名思义，就是使用电脑通过网络在互联网上进行产品销售，从而产生利润。当然，电脑成为必备工具，可以说是网上创业者的"吃饭工具"。当前，还有一个重要前提就是需要连上互联网。

2．数码相机

网上开店，货物在上货架之前，一般都需要对其进行拍照并上传照片到店铺上。照片使买家有更直观的感受和了解，也使物品更受关注。没有照片的货物很难卖出，一是因为很难引起买家的注意，二是因为买家怀疑该物品的存在。

3．电话

网上的联系可能因为你离开电脑而无法及时联络，随身携带的手机使创业者无论走到哪儿，都可以及时得到买家的反馈。

4．扫描仪

某些货物可能已经有现成的图片，而且制作精良，就可以使用扫描仪把某些图片扫描进电脑，及时上传货物的照片。

5．即时通信工具

开通即时通信工具随时和买家保持联络，有时候这也是和进货渠道保持联络的一种方式。

1.3.2 软件装备

除了需要硬件设备外，网上开店还需为电脑装上软件装备。

1．网络聊天软件

腾讯 QQ、微软 MSN 等都是常用的网络聊天软件，除此之外，淘宝交易还需安装阿里旺旺，使用阿里旺旺及时与买家联系，并能在发生投诉纠纷时以阿里旺旺的聊天记录作举证。

2．电子邮件

电子邮件又称电子信箱、电子邮政，它是一种用电子手段提供信息交换的通信方式，是 Internet 应用最广的服务，通过网络的电子邮件系统，用户可以免费或以非常低廉的价格、非常快速的方式，与世界上任何一个角落的网络用户联系，这些电子邮件可以是文字、图像、声音等各种方式。同时，用户可以得到大量免费的新闻、专题邮件，并轻松地实现信息搜索。

今天使用的最多的通信系统是互联网，同时电子邮件也是互联网上最受欢迎且最常用到的功能之一。

3．图像编辑软件

图像编辑软件是用于处理图像信息的各种应用软件的总称。随着卡片数码相机的流行，数码照片成为越来越多普通家庭存储回忆的介质，而数码照片在拍摄过程中，各种原因引起的照片表现力不足，需要对数码照片进行修复或需要对数码照片进行后期处理的需求不断增大，图像编辑软件正是这一时代应运而生的产物。图像编辑软件在当前的应用，主要在于对数码照片进行修复和增强。

对数码照片进行修复和增强，是指对由于拍摄条件、相机本身或拍摄方式等原因引起的照片偏差，如由于受到逆光或强光照射的影响，拍摄出来的相片会在暗部和高亮部交界处出现紫色的色边，摄影界常称之为"紫边"；如使用闪光灯拍摄时，人或动物肉眼的毛细血管被意外拍摄，导致拍摄的照片眼部呈现红色，摄影界常称之为"红眼"；如由于环境光影响，白色物体呈现非白色，我们的肉眼能够根据环境光判断原本的颜色，但数码相机因无法判断，而导致拍摄的照片白平衡不准确的情况。照片编辑软件的修复和增强功能，即指对这些拍摄意外的处理。

专业的图像编辑软件有 Adobe 的 Photoshop 系列，还有国内很实用的大众型非主流软件美图秀秀等。

1）Photoshop

Photoshop 主要处理以像素所构成的数字图像。使用其众多的编修与绘图工具，可以更有效地进行图片编辑工作。

使用 Photoshop 软件能轻松解决拍摄照片的各种问题，如偏色、倾斜、变形等，如图 1-5 所示为它的工作界面。

图 1-5 Photoshop 软件界面

2）美图秀秀

美图秀秀由美图网研发推出，是一款既流行又好用的免费图片处理软件，比 Adobe Photoshop 简单很多。你甚至无须学习就可以对图片进行美容、拼图、布置场景、添加边框和饰品等流行的特效处理。美图秀秀还提供了优秀的网络精选素材，即使你不是专业的摄像及设计师，你同样可以使用美图秀秀在短时间内做出影楼级专业照片，让自己光彩照人。目前美图秀秀在各大软件站的图片类高居榜首，其界面如图 1-6 所示。

4．办公软件

在淘宝开店，需要的办公软件有 Word 和 Excel，Word 主要用来进行文本的输入、编辑、排版、打印等工作；Excel 主要用来进行有繁重计算任务的预算、财务、数据汇总等工作。

图 1-6 "美图秀秀"操作界面

Word 是目前最通用的文字编辑软件，主要用于文字编辑和文档编排等，是文字处理最为理想的软件，学会这一款软件的应用，可以很方便地编写自己的网站文案和合同，以及一些日常文档的处理。如图 1-7 所示为 Word 软件的操作界面。

图 1-7 Word 软件的操作界面

Excel 是微软办公套装软件的一个重要的组成部分，它可以进行网店中各种数据的处理、统计分析和辅助决策操作，广泛地应用于管理、统计财经等。如图 1-8 所示为 Excel 软件的操作界面。

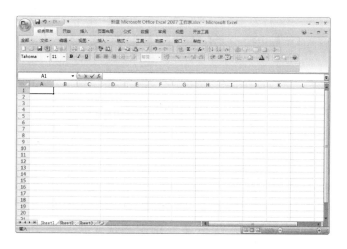

图 1-8　Excel 软件的操作界面

5．网页编辑软件

网店装修除了购买模板外，还可以自己装修，这时就需要使用网页编辑软件进行代码的编写或图片切片等。

我们常用的网页编辑软件 Dreamweaver，是集网页制作和管理网站于一身的所见即所得网页编辑器，它是第一套针对专业网页设计师特别开发的视觉化网页开发工具，利用它可以轻而易举地制作出跨越平台限制和跨越浏览器限制的充满动感的网页。如图 1-9 所示为 Dreamweaver 的操作界面。

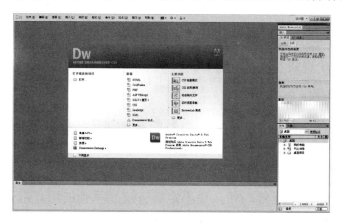

图 1-9　Dreamweaver 操作界面

1.4 跟着流程来开店

说到网上开店，那么如何开、从何开始、需要做哪些事都是必须了解的，按照流程开店才能避免走弯路，一步一步走向成功。

1.4.1 销售市场

开店前要做的准备工作很多，例如：盘点现有资源，审视自己是否适合开店；确定自己要开一个什么店，是服装店、还是饰品店；货源的选择也是非常重要的因素，因为货物质优价廉、别出心裁才是一个店铺长久经营的法宝；进行投资预算，估计开店需要多少钱等。这些都要经过一番深思熟虑才好，因为前期规划一旦确定，那么你的网店经营也就基本定向了。

1.4.2 选择平台

需要选择一个提供个人店铺平台的网站，注册为用户，这一步很重要。

大多数网站会要求用真实姓名和身份证等有效证件进行注册。在选择网站的时候，人气旺盛和是否收费以及收费情况等都是很重要的指标。

1.4.3 货源与进货

许多想开网店或是新手卖家刚开始考虑最多的恐怕就是关于货源方面。控制成本和低价进货是关键。

1. 批发市场

不管是实体店铺还是网店，大多数的卖家都是从批发市场进货的。因为虽然厂家是一手货，价格中的利润比较大，但是一般的厂家都是有一定的大客户，他们通常不会和小卖家合作的。所以当你还没有最终确定要卖什么东西的时候，去批发市场转一转，说不定会有意想不到的惊喜哦。

- 批发市场的商品比较多，品种数量都很充足，大家能有大的挑选余地，而且很容易实现货比三家。

- 批发市场很适合兼职卖家，这里进货时间和进货量都比较自由。

- 批发市场的价格相对很低，对于网店来说容易实现薄利多销，也能有利于网店交易信用度的累积。

- 相比较而言，批发市场的确是新手卖家不错的选择，如果你住的刚好是大城市，有大的批发市场，不妨就去那里看看吧，保证不会让你失望的。

2．阿里巴巴网站

全国最大的批发市场都主要集中在几个城市里，而且有很多卖家也没有条件千里迢迢地跑到这几个批发市场。所以，这个时候阿里巴巴作为一个网络批发的平台，充分地显示了它的优越性。为很多小地方的卖家提供了很大的选择空间，它不仅查找信息方便，也专门为小卖家提供了相应的服务，且起拍量很小。

- 阿里巴巴不仅有批发进货，还有小额的拍卖进货，这都是淘宝卖家很喜欢的进货方式。

- 大家在网站进货时最好选择支持支付宝或是诚信通会员的产品。阿里巴巴推出"诚信通"已经有四年时间了。一般如果诚信通会员是两年或三年以上的，诚信通指数达到近百或是上百的都是比较值得信赖的，不过，这也只能作为一个参考，具体还是要看沟通了。

- 阿里巴巴有很强大的搜索功能，进货时可以最大限度地进行货比三家。

- 和商家商量时尽量使用贸易通，如果以后有什么纠纷，也好作为证据。

- 第一次进货的时候也可以选择本地的厂家或是公司，这样方便上门取货。

- 网络进货不同于批发市场，因为存在着一定的虚拟性，所以大家选择商家的时候一定要谨慎再谨慎，一定要选择比较可靠的公司进行交易。

3. 网络代销

网络代销就是在网上展示商家给的产品图片、产品介绍等资料，向买家收取订货资金，再给商家一定的资金，让他发货，然后代销者从中赚取其中的差额。有两种新手适合选择代销：一是自己没有太多本钱；二是害怕有风险只是想尝试一下。

- 网络代销几乎不需要什么资金投入，很适合新卖家和小卖家。

- 网络代销也不用准备仓库，不用自己负责物流，商家会在收到定金和资料后给买家直接发货，所以也让大家省了邮寄的麻烦。

- 网络代销省去了给商品拍照，描写商品介绍的麻烦，通常从商家那拿到的商品图片一般都比较好，也更容易吸引买家。

- 网络代销也正因为不能直接接触商品，不容易对商品质量、库存和售后服务有很大的把握，所以在挑选的时候也要找一些比较正规的公司，根据自身的要求选择最合适的。大家要注意的还有网络代销虽然有一定的优越性，但是因为代销商需要联系商家和买家，却看不见商品，使得代销有时候成为一朵带刺的玫瑰，而且网络代销因为牵扯第三方交易，所以它的利润相对偏低，准备代销的卖家要做好一定的心理准备，对于如何找代销货源，建议去看看国内有名的网上代销之家。

4. 寻找商家余货

这里的商家，指的就是商品的前一两道的卖家，比如说外贸服饰加工厂或批发商之类的。像我们平时所说的"A货"，就是外贸公司一般生产的尾货，订单退货或是临时取消订单所造成的库存。还有像比较大的批发商一般都会有一定的库存积压，有时甚至还会有名牌商品的积压。不过款式当然不会是最新的，但是它的名牌效应还是在的，所以好的商家余货，其实是很不错的货源。

- 商家余货一般市场需求量较大，商品的品质也有一定的保证，属于中高档的东西，在网络交易中很容易获得买家的好评。

- 商家余货的货源相对较少，所以竞争小，竞争力很强。而且还可以利用网店的地域性差异，提升积压产品的品质，进而提高价格。也就是说这些商品在那个地方的市场不好，造成了积压，但是有可能在另一个地方市场比较大，也就有可能成为畅销品。

1.4.4 开通店铺

详细填写自己店铺所提供商品的分类，例如出售时尚手表，那么应该归类在"珠宝首饰、手表、眼镜"中的"手表"一类，以便让目标用户准确地找到你。然后需要为自己的店铺起一个醒目的名字，网友在列表中点击哪个店铺，更多地取决于名字是否吸引人。有的网店显示个人资料，应该真实填写，以增加信任度。

1.4.5 发布商品

需要把每件商品的名称、产地、所在地、性质、外观、数量、交易方式、交易时限等信息填写在网站上，搭配商品的图片。名称应尽量全面，突出优点，因为当别人搜索该类商品时，只有名称会显示在列表上。为了增加吸引力，图片的质量应尽量好一些，说明也应尽量详细，如果需要邮寄，最好声明谁负责出邮费。

发布时还有一项非常重要的事情，就是设置价格。通常网站会提供起始价、底价、一口价等项目由卖家设置。假设卖家要出售一件进价 100 元的衣服，打算卖到 150 元。如果是个传统的店主，只要先标出 150 元的价格，如果卖不动，再一点点降低价格。但是网上竞价不同，卖家先要设置一个起始价，买家由此向上出价。起始价越低越能引起买家的兴趣，有的卖家设置 1 元起拍，就是吸引注意力的好办法。

但是起始价太低会有最后成交价太低的风险，所以卖家最好同时设置底价，例如定 105 元为底价，以保证商品不会低于成本被买走。起始价太低的另一个缺点是可能暗示你愿意以很低的价格出售该商品，从而使竞拍在很低的价位上徘徊。如果卖家觉得等待竞拍完毕时间太长，可以设置一口价，一旦有买家愿意出这个价格，商品立刻成交，缺点是如果几个买家都有兴趣，也不可能托高价钱。卖家应根据自己的具体情况利用这些设置。

1.4.6　管理、营销推广

为了提升自己店铺的人气，在开店初期，应适当地进行营销推广，但只限于网络上是不够的，要网上网下多种渠道一起推广。例如购买网站流量大的页面上的"热门商品推荐"的位置，将商品分类列表上的商品名称加粗、增加图片以吸引眼球。也可以利用不花钱的广告，比如与其他店铺和网站交换链接等。

1.4.7　订单交易

宝贝成交以后，网站会通知双方对方的联系方式，然后根据约定的方式进行交易，交易的方式可以选择见面，也可以通过汇款、邮寄的方式交易，但无论选择哪种交易方式，卖家都应当尽快发货，以免对方久等或者怀疑你的信用。是否提供其他售后服务，也视双方的事先约定而定。

1.4.8　评价管理

信用是网上交易中很重要的因素，为了共同建设信用环境，如果交易满意，最好给予对方好评，并且通过良好的服务获取对方的好评。如果交易失败，应给予差评，或者向网站投诉，以减少损失，并警示他人。如果对方投诉，应尽快处理，以免给自己的信用留下污点。

1.4.9　客服服务

客服服务包括售前、售中和售后三种，主要是针对需要购买商品的买家进行服务，从买家咨询到拍下商品再到完成交易的全过程。

第 2 章

商品拍摄知识

在淘宝开店过程中，为商品拍照是非常重要的环节，图片是商品的灵魂，一张漂亮的商品图片可以直接刺激到顾客的视觉感官，让他们产生了解的兴趣和购买的欲望。

<h2 style="text-align:center">2.1 拍 摄 前 提</h2>

顾客在网上购买商品时图片是一个重要的判断依据，所以商品照片一定要拍好。万丈高楼平地起，学习拍照前，一定要先掌握一些前提。

2.1.1 选择合适的相机

在淘宝开店，需要将在网上销售的商品实物经过相机拍摄，上传到网上，以供潜在客户选择购买，一张或者一组好的图片可以刺激客户的购买欲，提高成功率。

数码相机由于拍照之后可以立即看到图片，用户对不满意的照片可以删除后重新拍摄，且数码相机和电脑连接方便，能快速地将商品图上传到网店中，而使用胶卷的传统相机不具备这个功能，所以在选择相机的时候，建议选择数码相机。

适合拍摄网上商品摄影图片的相机，要具备下面几个条件。

1．像素选择

现在的相机像素越来越高，很多人为了追求拍摄商品的清晰度而选购高像素的相机，殊不知网店中过高像素的商品图片反而会影响浏览的速度和效果。目前，大部分数码相机都达到了 500 万像素的水平，选购这类相机来拍摄商品图片就够用了。

2．全手动设置功能

拍摄商品图片属于拍摄静物的一种，选择的相机最好带有手动功能，包括手动设置光圈、快门速度、白平衡、画质、图片大小、锐图、色彩等。这类相机的模式转盘上面有"M"标志，如图 2-1 所示。有了手动功能，可以在拍摄的过程中根据光线和拍摄需要自由调节相机的设置。

提示：虽然卡片式数码相机外观时尚，便于携带，但是大部分不具备手动设置功能，因此不太适合网上商品图片拍摄使用。

3．微距功能

在拍摄商品细节的时候，需要相机具有微距功能，在相机上的郁金香的标识是微距功能的按钮，各相机厂家统一使用此标识，如图 2-2 所示。微距最好在 5cm 以下，微距是一个非常好用，也是我们拍网店宝贝图片经常用到的一个功能，它就像拿着放大镜一样，可以把商品的细节拍摄得非常清晰，这对于买家来说，是非常具备说服力的。

图 2-1　"M"标示

图 2-2　具有微距功能的相机

提示：带有微距功能的手机也能拍摄商品图片，如图 2-3 所示。

4．热靴

热靴主要用途就是连接和固定外置闪光灯。数码单反的内置闪光灯闪光指数较低，并且使用起来灵活度也不够，甚至有些顶级的数码相机根本不配备自带的闪光灯，这就需要借助热靴来外接闪光灯了。

2.1.2　选择辅助器材

选择合适的摄影辅助器材可以使拍摄更具专业水准，拍出来的商品图片更能吸引人。

图 2-3　微距模式

1．三脚架

在商品拍摄过程中，手持拍摄难免会手臂抖动，从而使得商品图片不够清晰，这时就需要三脚架的帮助。三脚架的主要作用就是能稳定照相机，以达到更好的摄影效果。如图2-4所示为三脚架图片示例。

图2-4　三脚架

2．摄影灯

摄影灯在商品摄影的过程中，其作用不亚于相机的作用，甚至要在相机之上。其原因在于，自然光线的多变性、不宜把握性、不易改变性，决定了商品图片99%以上都是在摄影室内拍摄。既然在摄影室内拍摄，那么灯光是必不可少的。节能灯、闪光灯以及外置摄影灯等都是室内用光的上选，如图2-5所示。

图2-5　节能灯、闪光灯和摄影灯

3．摄影棚

小件商品适合在单纯的环境空间里进行拍摄，由于这类商品本身体积就很小，因此在拍摄时也不必占用很大的空间和面积。如图2-6所示的微型摄影棚就能有效地解决小件商品的拍摄环境问题，免去了布景的麻烦，还能拍摄出漂亮的、主体突出的商品照片。

图 2-6　微型摄影棚

提示：选择摄影棚时，柔光摄影棚是绝佳选择，柔光摄影棚可以使光线更均匀，同时挡住干扰光，可以使商品的图片更自然、更出色。

4．反光板和反光伞

在商品拍摄过程中，反光板是不可缺少的一种辅助器材。反光板可以提供柔和的散射反射光作为主光照明，也可以对大面积的被摄物品的暗部进行补光。根据环境需要用好反光板，可以让平淡的画面变得更加饱满、体现出良好的影像光感、质感。同时，利用它适当地改变画面中的光线，对于简洁画面成分、突出主体也有很好的作用。有类似作用的还有反光伞。反光板和反光伞图片如图 2-7 所示。

图 2-7　反光板和反光伞

5．背景纸或背景布

背景是室内摄影必备品，背景的作用主要是衬托出主体，以商品摄影为例，背景不适宜太花哨，要简洁，衬托被拍摄物，不能喧宾夺主。目前背景主要包括背景纸、全棉背景布、植绒背景、无纺布背景等。在摄影实践中背景纸的效果比较好，如图 2-8 所示。

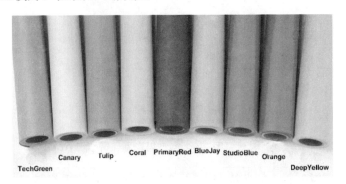

图 2-8　背景纸

提示：如果用户对室内摄影不太熟悉，选择背景时就尽量选择灰色、黑色和白色这些简单的颜色做背景，这样更容易把握。

2.2　拍摄常用功能

虽然普通的数码相机和专业的数码相机在操作和成像等方面还存在一定的差距，但是在已经满足网图拍摄要求的基础上，我们可以利用一些拍摄技巧，来优化拍摄效果，使之看起来就像是专业数码相机拍摄出来的效果。

2.2.1　微距功能

拍摄商品免不了要拍摄商品的细节特写或者商标，拍摄首饰类细小商品时，更是需要采用特写放大来呈现商品的款式和工艺，此时，使用微距功能就可以帮助我们拍摄出符合要求的放大图片。

微距拍摄是指拍摄出来的图像大小比实物的原始尺寸要大的摄影方式，一般两者之间的比例都大于 1∶1。微距功能在拍摄拉链、针脚、洗标、质感等商品细节方面有着巨大的优势，现在连很多民用级的低端数码相机也都配置了微距甚至超微距功能，所以，微距拍摄已经逐渐成为数码相机的最大亮点之一。使用微距功能摄影可将宝贝细微的部分巨细无遗地呈现在眼前。如

图 2-9 所示为使用微距功能拍摄的商品图。

图 2-9　使用微距功能拍摄的商品图

进行微距拍摄要注意以下几点。

- 微距摄影时，相机与被摄商品距离很近，如果想要突出商品的细节，可以运用较大的光圈；如果想要将商品的细节表现得足够清晰，就需要选择较小的光圈。

- 微距拍摄时，相机如有晃动，可能会造成成像模糊，所以通常情况下就要选择较快的快门速度或者将相机固定在三脚架上。

- 当相机与被摄体距离较近时，相机本身就会对周围光线造成比较明显的遮挡，使得被摄物体可能得不到足够的曝光。同时，闪光灯的照明度可能过强而使商品曝光过度。所以，在进行微距拍摄时要特别注意商品的照明。

我们从微距功能对商品细节的表现情况来看，很显然，一张好的商品特写照片胜过连篇累牍的商品介绍，将商品的细节直观地呈现给顾客，用我们的镜头去代替顾客观看，当他们通过照片对商品的情况了解得越多，我们在线回复提问的工作量就越小，成交的可能性也就越大。

2.2.2　白平衡

许多人在使用数码相机拍摄的时候都会遇到各种偏色的问题，如在日光灯的房间里拍摄的照片会显得发绿，在室内钨丝灯光下拍摄出来的景物就会偏黄，而在日光阴影处拍摄到的照片则莫名其妙地偏蓝，其原因就在于"白平衡"的设置上。白平衡是指不管在任何光源下，都能将白色物体还原为白色。对在特定光源下拍摄时出现的偏色现象，可以通过加强对应的补色来进行补偿。现在大多数数码相机均提供"白平衡"功能，一般白平衡有多种模式可供选择，如自动白平衡、钨光白平衡、荧光白平衡、室内白平衡、手动白平衡。

不同的模式的白平衡会达到不同的调整效果。自动白平衡通常为数码相机的默认设置，一般情况下其调整的准确率非常高，所以，在室外光照适宜的条件下反而是最不需要手动设置的，多数情况下用自动白平衡就可以应付。但是在光线差或者多云天气下拍摄时，效果则差强人意。

要获得最准确的白平衡，可以选择数码相机上的手动白平衡方式，让相机根据参照物在光源下的色温，来决定如何准确还原。用户可选择一张白纸，把白纸放在光源下，用相机测量白纸，以确定白平衡。

2.3 拍 摄 技 巧

为了拍摄出完美的商品照片，提升网店的人气与关注度，需要把握一些拍摄的技巧。

2.3.1 光线角度的影响

根据光源与被摄主体和相机水平方向的相对位置，可以将光线分为顺光、逆光、侧光三种基本类型。光线对于被摄体的位置，即光线的方向与角度，对同一对象在不同的光位下会产生不同的明暗造型效果。

1. 顺光

顺光又叫平光、正面光，是我们最常见的拍摄方法，此时摄影师的拍摄方向和自然光的方向基本一致，正对着被摄对象。被摄对象朝向镜头的面容易得到足够的光线，可以使拍摄物体更加清晰、明亮，但由于顺光下，光线差别不大，立体景物更容易被压缩在一个平面，给视觉造成错觉，因而导致画面层次平淡，缺乏光影变化、立体感差。如图 2-10 所示为顺光拍摄的商品图片。

2．侧光

侧光的光源是在相机与被摄主体所形成的直线的侧面，是从侧方照射到被摄主体上的光线。此时被摄主体正面一半受光线的照射，影子修长，投影明显，立体感很强，但不适合表现主体细腻质感的一面。不过许多情况下这种侧光可以很好地表现粗糙表面的质感。

3．顺侧光

顺侧光也叫正侧光、斜侧光，是指和相机光轴成 45 度左右的光线照明，是较为常用的光线，能比较好地表现被摄对象的立体感和质感，有丰富的阴暗层次。如图 2-11 所示为顺侧光拍摄的物体。

图 2-10　顺光拍摄实例　　　　　　图 2-11　顺侧光拍摄实例

4．逆光

逆光又称背光，是指被摄对象处于光源与相机之间，能使被摄体产生锐利鲜明的轮廓线条，使主体与背景分离，从而加强画面的立体感与空间感。逆光一般可用于拍摄盛有液体的玻璃等透明制品，如图 2-12 所示。

5．顶光

顶光通常是要描绘出人或物上半部的轮廓，和背景隔离开来，但光线从上方照射在主体的顶部，会使景物平面化，缺乏层次，色彩效果也差，这种光线很少运用。

图 2-12　逆光拍摄实例

2.3.2　分类拍摄

　　许多人都以为只要准备一台很专业的相机就可以拍出专业的照片，其实不然，好的相机只是一个硬件条件，绝对不代表好相机就可以拍出好照片，真正的功夫其实在相机之外，懂得拍摄技巧才是拍出好照片最重要的决定因素。不同的商品有其相应的拍摄技巧，分类拍摄能合理地运用这些技巧，并起到事半功倍的效果。下面以淘宝网销售的不同商品为例来讲解如何分类拍摄。

1．服饰

　　网络销售与实体销售最大的区别就是无法做到眼见为实，客户只能通过商家发布到网上的照片来了解商品的特性，由于服装类商品比较注重款式和效果，因此对商品照片的要求就更高，要求在视觉上能充分地呈现出服装的不同款式、面料、做工、风格和档次等区别。

　　1) 室外拍摄

　　室外拍摄可以去公园里找一个人比较少的角落，这样就可以专注于拍摄，不被行人打扰，但缺点是拍摄背景过于单一，拍摄效果缺乏时尚感、时代感和生活感，但这样的环境和曲径通幽的小巷一样，都非常适合拍摄民族服装、改良中装、汉服和唐装这类传统风格的服装。

　　商业气氛浓厚的闹市区非常适合拍摄时装，临街的商场、路灯和广告牌都是很好的布景，可以充分地加以利用。到一些人流量较少的酒吧街或者欧美风格建筑物的一角去取景也是不错的选择，如果白天客人不多的话，还可以跟老板商量，争取进入酒吧、咖啡吧、西餐厅里进行拍摄，这样的室内外场景可以很好地表现出服装的潮流、品位和时尚感。如图 2-13 所示为室外拍摄效果。

图 2-13　室外拍摄效果

2) 室内拍摄

在室内搭建实景进行拍摄比摄影棚内的背景纸更具有立体感、现场感和真实感，对比也更加强烈，我们可以充分利用室内的每一个角落、每一件家具来布景，也可以放置一些自制的木板箱、小柜子、几何体和小装饰物等道具，但是这类布景必须充分考虑道具颜色与拍摄主体的协调性，而且不能喧宾夺主。如图 2-14 所示为室内拍摄效果。

图 2-14　室内拍摄效果

3) 棚内拍摄

棚内拍摄最好是使用一个可以将背景纸卷起来的支架，这样不仅可以方便我们根据不同服装的颜色来更换相配的背景纸，而且不容易将背景纸弄出皱褶，影响最终的拍摄效果。拍摄男装的时候可以尝试大胆地使用男人较喜欢的黑色、灰色等背景，只要与服装风格协调，拍出的画面就会显得简洁而时尚，酷感十足，很有专业效果和明星范儿。如图 2-15 所示为棚内拍摄效果。

图 2-15　棚内拍摄效果

服装的拍摄方式包括摆拍、挂拍和穿拍三种。每种拍摄都有其相应的技巧。

(1) 摆拍。

采用摆拍方式的时候，可以在商品摆放和构图时适当添加一些与服装搭配的小首饰、围巾、鞋帽或者包包，家里的鲜花、杂志、相框、玩具也都可以随手拿来使用，使商品照片显得更加生活化。有时，配景的使用还可以帮助我们调节构图和色彩对比。

平铺摆拍要注重服装的颜色和细节，服装的平铺造型也有很多种，可以将衣服的腰身顺势叠入背后来摆放，因为身体是立体的，商品穿在身上时，正面看过去，腋下和侧身的部分几乎是看不到的，因此，这才是衣服穿上后最真实的状态。

我们也可以故意弄一点皱褶出来，使平铺的衣服看起来似乎也有了腰身和立体感；比较厚实和挺括的面料，如牛仔裤，可以在摆放的时候用自然的褶皱让裤管之间有胀满空气的感觉，以增加衣服的体量；找一些漂亮的小装饰物来搭配衣服摆放，可以避免画面的单调；将平铺的衣服想象成有人穿着的样子，将衣袖和裤腿都拗点造型出来，就像衣服自己在地板上摆 POSE！还可以在摆放时加入一些搭配，不仅可以使画面更美观，还有可能实现捆绑销售，提高店铺的客单价。如图 2-16 所示为摆拍方式。

图 2-16　摆拍方式

(2) 挂拍。

挂拍可以在墙上或者地上添加小装饰物来增加构图上的美感，漂亮的衣架、鲜花、玩具、书籍、小家具都是不错的选择，甚至可以直接将服装挂在白色或者原木的小架子上，利用架子的摆放角度来打破原来贴墙悬挂时呆板的横平竖直的构图。

悬挂拍摄要注重服装的面料和质感，服装的挂拍也有多种造型，可以用衣架或者木制晾衣夹将衣服挂起来，如果再搭配一些小装饰物就会显得更加与众不同，用半身的木制模特座或铁丝架将衣服撑起来挂也会产生不错的效果，因为这样会让服装的立体感更强一点，我们可以想象到衣服穿在身上的感觉，而且，服装表面因为有了阴影和凹凸的细节变化，就会显得更加生动。如图 2-17 所示为挂拍方式。

图 2-17　挂拍方式

(3) 穿拍。

穿拍的时候使用小装饰物作配景的方式可以更加灵活，因为模特的表情和姿态可以有更大的发挥空间，利用这些小装饰物使画面更加生动，搭配模特的体态和表情可以使照片更加有情景化的感觉。而且小装饰物也可以使模特做出更多生活化的姿势和造型，使画面风格清新自然，与服装协调一致，很好地诠释服装的风格和内涵。

采用穿拍方式对模特的气质、肢体表现力等方面的要求比较高，因为模特的整个身体动作和面部表情就决定了服装的造型，因此，每一个专业的模特都精通摆 POSE，因为一个好的动作不仅能吸引顾客，也能突出画面中的模特和服装，如图 2-18 所示为穿拍方式。

图 2-18　穿拍方式

2．小件商品

我们这里将鞋子、包袋、首饰、化妆品、皮夹、相机、手机等能够放进微型摄影棚进行拍摄的都列为小件商品的拍摄。对小件商品进行拍摄，有以下的技巧。

1) 商品的摆放

我们在拍摄商品照片之前，必须先将要拍摄的商品进行合理的组合，设计出一个最佳的摆放角度，为拍摄时的构图和取景做好前期准备工作。商品采用什么摆放角度和组合最能体现其产品性能、特点及价值，这是我们在拿起相机拍摄之前就要思考的问题，因为拍摄前的商品摆放决定了照片的基本构图。

商品照片归根到底是要刺激出消费者的购买欲，而视觉感受恰恰是他们价值判断中最重要的因素之一。商品的摆放其实也是一种陈列艺术，同样的商品使用不同的造型和摆放方式，会带来不同的视觉效果。如图 2-19 所示为不同商品摆设的效果。

图 2-19　不同商品摆设的效果

2) 不同材质

摄影其实就是用光的艺术，由光影结合来表现物体的质感，我们衡量一张商品照片是否合格，最重要的判断标准是看它是否正确地表现出了商品的形态、质感和色彩，符合这个条件的商品照片，我们可以称之为达到了"如实描述"的要求，反之，则属于不合格的商品照片，而这两者之间的差距，很大程度上是由如何用光来决定的。

我们根据商品表面质感对光线的不同反映，先将它们划分为吸光体和半吸光体、反光体和半反光体、透明体和半透明体这三大类，然后根据它们不同的质感特点，总结出各类商品的共性和规律，并在此基础上举一反三，追求更完美、更个性化的表现。

- 吸光类商品的拍摄：这类商品具有粗糙的表面结构，如皮毛、棉麻制品、雕刻等，它们的质地或软或硬，表面粗糙不光滑。为了表现出它们的质感，我们在拍摄的时候可以使用稍硬的光线照明，以侧光、侧逆光为主，照射角度适当放低，因为过柔过散的顺光，尤其是顺其表面结构纹理的顺光，会弱化商品表面的质感。如果是拍摄表面结构十分粗糙的裘皮、石雕等，可以用更硬的直射光直接照明，如聚光灯、闪光灯、太阳光直射，因为这种硬光的光线锐利，在凹凸不平的表面会产生细小的投影，能够强化其质感的表现，使商品的表面出现明暗起伏的结构变化，增加立体感。

- 反光类商品的拍摄：是指一些表面光滑的商品，如金银饰品、瓷器、漆器、电镀制品等，它们的表面结构光滑如镜，具有强烈的单向反射能力，直射灯光聚射到这种商品表面，会使光线改变，产生出强烈的眩光。我们在拍摄这类商品的时候应该采用柔和的散射光线进行照明，也可以采取间接照明的方法，使用柔光箱、反光板和硫酸纸这类光扩散工具来柔化光线，用反射光来照亮商品，因为均匀、柔和的光线能够有效地降低表面的反光度，使其色调更加丰富，从而表现出光滑的质感。

- 透明类商品的拍摄：玻璃器皿、水晶、玉器等透明商品既有反光特性，也有透光特性，光线的入射角度越小，反射光量越多，但是，能显示透明质感的恰是这种反光。我们在拍摄的时候要采用测光、侧逆光和底部光这类生动的照明方式，利用光线穿过透明体时因厚度不同而产生的光亮差别，使其呈现出不同的光感，来表现清澈透明的质感，但因透光体具有反光特性，所以一般不要用直接光照明，而是要选择使用间接光照明，这可以使商品的表面产生少量反光，以便更好地显示其外形和质感。

第 3 章

使用专业软件处理照片

网店怎样开才能吸引顾客？现在开网店的人很多，同行业的网店竞争也十分激烈，正所谓适者生存。如何在这种环境下，使自己的网店能够吸引顾客是十分关键的。想要吸引顾客，就要美化自己的宝贝，给顾客留下良好的第一印象。

3.1　善于使用水印

所谓"水印"，是一种记号，就像盖章一样。它最大的作用就是不让别人使用这张图片，即防止盗版，还有一个作用就是显示作者的信息等。

在四通八达的网络世界里，越是精美的照片，版权越容易受到侵害。只需轻击几下鼠标，几乎任何人都可以下载这些照片，据为己有甚至大肆篡改、传播。善于使用水印能保护自己网店图片的版权。

在淘宝开店要有防盗意识，这里的防盗指的是防止宝贝图片被盗用。添加水印可以达到文件真伪鉴别、版权保护等功能。

通常情况下，水印是提前设计并制作好，在宝贝美化时直接添加进入即可。如图 3-1 所示为添加防盗水印的对比效果。

图 3-1　添加防盗水印的对比效果

01　运行 Photoshop 软件，执行"文件"|"打开"命令，打开宝贝图片，如图 3-2 所示。

02　按 Ctrl+O 快捷键打开水印图片，如图 3-3 所示。

图 3-2　打开宝贝图片

图 3-3　打开水印图片

03　拖动水印到宝贝图片文档中，如图 3-4 所示。

04　在"图层"面板中设置图层的混合模式为"正片叠底"，如图 3-5 所示。

图 3-4　拖动

图 3-5　正片叠底

05　此时的图像效果如图 3-6 所示。执行"文件"|"存储为"命令将文件存储。

图 3-6　图像效果

3.2　抠图换背景

拍摄商品时由于背景不够好或者需要替换背景，可使用软件将宝贝图抠出来，就可以轻而易举换上其他背景了。

3.2.1　去除宝贝背景

网店宝贝海报、宝贝描述主图等都可能会需要去除宝贝的背景。本小节将学习如何去除宝贝的背景。如图 3-7 所示为对比效果。

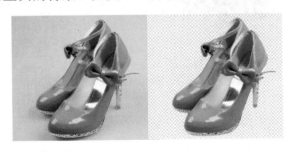

图 3-7　对比效果

01　运行 Photoshop 软件，执行"文件"|"打开"命令，打开宝贝图片，如图 3-8 所示。

02　在工具箱中选择"魔棒"工具，如图 3-9 所示。

图 3-8　打开宝贝图片

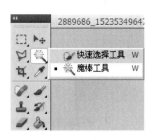

图 3-9　选择"魔棒"工具

03　在工具选项栏中单击加选按钮，并设置"容差"为 10，如图 3-10 所示。

图 3-10　工具选项栏

04　在图像背景上单击鼠标，创建选区，如图 3-11 所示。

05　再次单击鼠标加选选区，多次单击直至将背景全部选中，按 Ctrl 和+ 组合键放大预览，并选择细节，如图 3-12 所示。

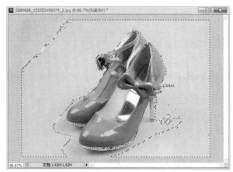

图 3-11　创建选区

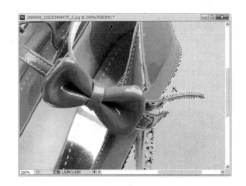

图 3-12　选择细节

06　全部选中后，单击工具选项栏中的"调整边缘"按钮，如图 3-13 所示。

图 3-13　单击"调整边缘"按钮

07　弹出对话框，在"视图"下选择不同的视图模式，方便查看，如图 3-14 所示。

08　设置平滑参数，或选中"智能半径"复选框，并设置半径，最后单击"确定"按钮，如图 3-15 所示。

图 3-14　选择视图模式　　　　　　图 3-15　单击"确定"按钮

09　按住 Alt 键，在"图层"面板中双击"背景"图层，将背景图层转换为普通图层，如图 3-16 所示。

10　按 Delete 键即可删除选区的背景图像，如图 3-17 所示。

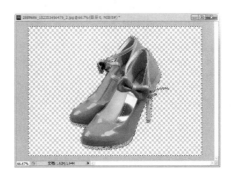

图 3-16　转换图层　　　　　　图 3-17　删除背景

11　按 Ctrl+D 快捷键结束选区，删除背景后的宝贝效果如图 3-18 所示。

12　执行"文件"|"存储为"命令，在弹出的对话框中选择格式为 PNG(*.PNG)，单击"保存"按钮即可，如图 3-19 所示。

图 3-18　删除背景效果　　　　　　图 3-19　单击"保存"按钮

提示：存储为 PNG 格式后的图像背景即为透明，方便使用。

3.2.2　替换宝贝背景

前面学到如何删除背景，这节将学习如何替换背景。当拍摄背景为白色等纯色背景时，不需要将宝贝背景删除即可快速替换背景。如图 3-20 所示为对比效果。

图 3-20　对比效果

01　启动 Photoshop，按 Ctrl+O 快捷键打开一张背景素材图片，如图 3-21

所示。

02 按 Ctrl+O 快捷键打开宝贝素材图片，如图 3-22 所示。

图 3-21　打开背景素材　　　　　　　图 3-22　打开宝贝素材

03 使用"移动"工具将宝贝素材拖入到背景文档中，并按 Ctrl+T 快捷键调整素材的大小，效果如图 3-23 所示。

图 3-23　效果

04 在"图层"面板设置图层的混合模式为"深色"，如图 3-24 所示。

05 设置混合模式后的图像效果如图 3-25 所示，完成背景替换。

图 3-24　设置混合模式　　　　　　　图 3-25　图像效果

3.3　把握合理的尺寸

无论是用于店铺装修还是用于广告制作的商品图片，像素都不能过大，以免影响上传或浏览速度。要把握合理的尺寸，除了需要调整大小之外，还需要对画面进行适当地裁剪，以适合画面，达到最好的效果。

3.3.1　图像压缩

使用相机拍摄的照片一般过大，这时就需要将图像压缩，以最合适的尺寸显示出最佳的效果。

01　运行 Photoshop 软件，按 Ctrl+O 快捷键，打开图像文件，如图 3-26 所示。

02　执行"图像"|"图像大小"命令，如图 3-27 所示。

图 3-26　打开文件

图 3-27　图像大小

03　弹出"图像大小"对话框，修改像素后在上方显示出图像的像素大小，如图 3-28 所示。

04　单击"确定"按钮。执行"文件"|"存储为"命令，将图片进行保存。弹出"JPEG 选项"对话框，设置品质可以改变图像的大小，如图 3-29 所示，

05　单击"确定"按钮即可完成图像压缩。

图 3-28　修改图像像素参数

图 3-29　"JPEG 选项"对话框

3.3.2　扩展画布

打开图片时的画布大小是和图片大小等同的，若需要在图片周围扩展空白区域，则需要扩展画布。如图 3-30 所示为扩展画布的对比效果。

图 3-30　对比效果

01　运行 Photoshop 软件，按 Ctrl+O 快捷键，打开一张图片，如图 3-31 所示。

02　选择"裁剪"工具，此时图像上显示出裁剪框，拖动裁剪框到画布外，即可扩展画布，如图 3-32 所示。

03　使用"矩形选框"工具，选择最右侧的图像，按 Ctrl+T 快捷键拖动图像，如图 3-33 所示。

04　按 Enter 键确认画布的大小，按 Ctrl+D 快捷键结束选区。

05　按 Ctrl+O 快捷键打开另外一张图片，将其拖动到文档 1 中，并按 Ctrl+T 快捷键调整大小，图像效果如图 3-34 所示。

图 3-31　打开图片

图 3-32　裁剪

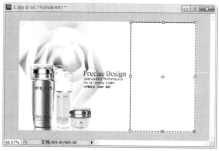

图 3-33　扩展画布

图 3-34　图像效果

06　执行"文件"|"存储为"命令保存图像。

3.3.3　图像裁剪

拍摄商品时，无法避免画面周围出现空白或杂物，为了使画面整洁、突出主体，将多余的部分裁掉，则需要用到图像裁剪功能。如图 3-35 所示为图片裁剪前后效果对比。

图 3-35　图片裁剪前后效果对比

01 运行 Photoshop 软件，按 Ctrl+O 快捷键，打开图片，如图 3-36 所示。

02 选择工具箱中的"裁剪"工具 ，在图像上单击并拖动鼠标，松开鼠标即出现如图 3-37 所示的裁剪框。

图 3-36　打开图片

图 3-37　图像裁剪框

03 通过调整图像周围的八个可调节的控制柄，精确裁剪大小。

04 调整好后，按下 Enter 键，确定裁剪，最终效果如图 3-38 所示。

图 3-38　最终效果

05 执行"文件"|"存储为"命令存储图片。

提示：若想取消裁剪状态，按下键盘上的 Esc 键即可。

3.4 修 复 照 片

　　由于拍摄水平或拍摄环境等因素，难免出现拍摄出来的照片未能按商品原貌显示，使用 Photoshop 能快速修复照片。

3.4.1 处理污点

　　商品图片拍摄后若发现光斑、灰尘、污点等美中不足之处，为了完美地呈现出商品原貌，则需要将污点去除。如图 3-39 所示为对比效果。

图 3-39 对比效果

　　01　运行 Photoshop 软件，按 Ctrl+O 快捷键，打开图像文件，如图 3-40 所示。

　　02　选择工具箱中的"污点修复画笔工具"，如图 3-41 所示。

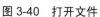

图 3-40 打开文件　　　　图 3-41 选择"污点修复画笔工具"

　　03　在图像中的污点处单击鼠标，即可将其消除，如图 3-42 所示。

　　04　在工具箱中选择"修补"工具，如图 3-43 所示。

图 3-42　消除污点

图 3-43　选择"修补"工具

05　在污点临近的区域单击并拖动鼠标绘制选区，如图 3-44 所示。

图 3-44　绘制选区

06　在工具选项栏中，选中"目标"单选按钮，如图 3-45 所示。

图 3-45　选中"目标"单选按钮

07　在选区内单击鼠标不放，移动选区图像至污点位置，如图 3-46 所示。

图 3-46　修补图像

　08　释放鼠标，原来的污点就被选区内的图像代替了，多次修复后的最终效果如图 3-47 所示。

图 3-47 最终效果

09 执行"文件"|"存储为"命令存储图片。

> **提示：** 若商品拍摄图上的污点比较多，重新拍摄会比修复照片更快。

3.4.2 修正倾斜变形的照片

在拍摄如卡片、书籍等方正的物体时经常会因为近大远小的成像规律而出现变形或倾斜，使用 Photoshop 软件可以快速地修正，如图 3-48 所示为对比效果。

图 3-48 对比效果

01 启动 Photoshop，按 Ctrl+O 快捷键打开素材文件，如图 3-49 所示。

02 执行"视图"|"显示"|"网格"命令，显示网格，如图 3-50 所示。

> **提示：** 显示网格是为后面的变形操作做参考。

03 按住 Alt 键双击"背景"图层，转换为普通图层，执行"编辑"|"变换"|"变形"命令，如图 3-51 所示。

04 此时的图像效果如图 3-52 所示。

图 3-49　打开文件

图 3-50　执行"网格"命令

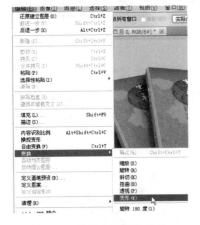

图 3-51　执行"变形"命令

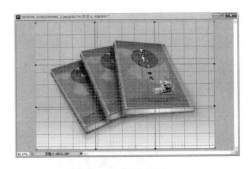

图 3-52　图像效果

05　拖动四周的控制点，直到满意为止，如图 3-53 所示。

06　按 Enter 键确定变形，并取消网格显示，图像效果如图 3-54 所示。

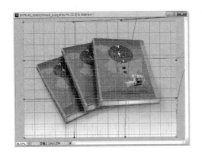

图 3-53　变形

图 3-54　图像效果

07　执行"文件"|"存储为"命令存储图片。

3.4.3　修正偏黄的照片

由于拍摄时所处的环境、天气或室内外光线等问题，拍摄照片经常出现偏色，对于这种情况除了应用相机的滤镜外，还可以在后期对其进行修正。如图 3-55 所示为修正偏色照片的前后对比效果。

图 3-55　处理偏色照片的前后对比效果

01　运行 Photoshop 软件，按 Ctrl+O 快捷键，打开图像文件，如图 3-56 所示。

02　按 Ctrl+J 快捷键快速复制"背景"图层，然后执行"图像"|"自动色调"命令，如图 3-57 所示。

图 3-56　打开文件

图 3-57　执行"自动色调"命令

03　执行命令后偏色照片即自动调整，效果如图 3-58 所示。

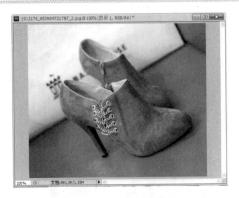

图 3-58　调整后的效果

04　执行"文件"|"存储为"命令存储图片。

3.4.4　修正偏蓝的照片

同上一小节一样，都是修复偏色的照片，处理的方法也相似，如图 3-59 所示为处理的前后对比效果。原照片色调偏蓝，掩盖了原商品的颜色，修复后的照片更真实。

图 3-59　处理偏色照片的前后对比效果

01　运行 Photoshop 软件，按 Ctrl+O 快捷键，打开图像文件，如图 3-60 所示。

02　按 Ctrl+J 快捷键快速复制"背景"图层，然后执行"图像"|"自动颜色"命令，如图 3-61 所示。

03　执行命令后偏色照片即自动调整，效果如图 3-62 所示。

04　多次执行"图像"|"自动颜色"命令，最终效果如图 3-63 所示。

05　执行"文件"|"存储为"命令存储图片。

图 3-60　打开文件

图 3-61　执行"自动颜色"命令

图 3-62　调整后效果

图 3-63　最终效果

3.5　美化宝贝照片

　　宝贝商品图片能够吸引买家的目光还需要关键的一步操作，即宝贝照片美化。美化宝贝照片可以最大限度地还原宝贝原貌，将宝贝实物以最完美的状态展示在顾客面前。

3.5.1　恢复宝贝颜色

　　由于拍摄问题，导致宝贝颜色暗淡，商品图片与实物颜色相差甚远的情况屡见不鲜。由于网络交易时，买家感觉所收到宝贝有色差而给予差评也是卖家很头疼的问题。本小节将学习如何快速恢复宝贝颜色，如图 3-64 所示为对比效果。

　　01　运行 Photoshop 软件，按 Ctrl+O 快捷键，打开图像文件，如图 3-65 所示。

图 3-64　对比效果

02　按 Ctrl+J 快捷键，快速复制"背景"图层至新的图层，得到"图层 1"，如图 3-66 所示。

图 3-65　打开文件　　　　　　　　图 3-66　复制背景图层

03　单击图层下方的按钮，执行"色相/饱和度"命令，如图 3-67 所示。

04　拖动饱和度的滑块，调整参数为+36，如图 3-68 所示。

图 3-67　执行"色相/饱和度"命令　　　　图 3-68　调整参数

05　此时的图像效果如图 3-69 所示。

图 3-69　最终效果

06　执行"文件"|"存储为"命令存储图片。

3.5.2　提高图片清晰度

若拍摄时相机的稳定性不够好，或者拍摄手表、首饰等精美的宝贝时，可能并不能很清晰地拍摄出宝贝的细节，这时可以使用锐化功能提高图片的清晰度，如图 3-70 所示为对比效果。

图 3-70　对比效果

01　运行 Photoshop 软件，按 Ctrl+O 快捷键，打开配套光盘提供的"表.jpg"的图像文件，如图 3-71 所示。

02　按 Ctrl+J 快捷键，快速复制"背景"图层。执行"滤镜"|"锐化"|"USM 锐化"命令，如图 3-72 所示。

图 3-71　打开文件

图 3-72　"USM 锐化"命令

03　弹出"USM 锐化"窗口，设置"数量"参数为 101%，如图 3-73 所示。

04　单击"确定"按钮，得到如图 3-74 所示的效果图。

图 3-73　参数设置

图 3-74　锐化效果

05　执行"文件"|"存储为"命令存储图片。

3.5.3　处理过亮的照片

当拍摄的照片过亮时，图片的细节就不能显示出来，整个图片也就毫无层次感，下面来学习如何处理过亮的照片。如图 3-75 所示为处理过亮照片的对比效果。

图 3-75　处理过亮照片的对比效果

01　运行 Photoshop 软件，按 Ctrl+O 快捷键，打开图像文件，如图 3-76 所示。

02　按 Ctrl+L 快捷键弹出"色阶"对话框，如图 3-77 所示。

 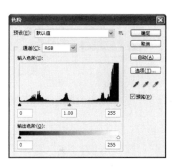

图 3-76　打开图像文件　　　　　　　　图 3-77　"色阶"对话框

03　拖动各滑块或直接输入数值，如图 3-78 所示。

04　单击"确定"按钮，调整后的效果如图 3-79 所示。

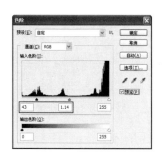 

图 3-78　输入数值　　　　　　　　图 3-79　调整后的效果

05 执行"文件"|"存储为"命令存储图片。

3.5.4 处理偏暗的照片

室外拍摄经常会因为天气、光线等因素导致拍出的照片色彩黯淡，未能将宝贝的原貌展示出来，这就需要使用软件处理，如图 3-80 所示为处理偏暗照片前后的对比效果。

图 3-80　亮度调整前后的对比效果

01 运行 Photoshop 软件，按 Ctrl+O 快捷键，打开图像文件，如图 3-81 所示。

02 按 Ctrl+J 快捷键，快速复制"背景"图层。执行"图像"|"调整"|"亮度/对比度"命令，如图 3-82 所示。

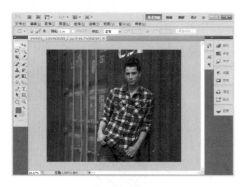

图 3-81　打开文件　　　　图 3-82　执行"亮度/对比度"命令

03 弹出"亮度/对比度"对话框，如图 3-83 所示。

04 拖动"亮度"滑块，调整参数，如图 3-84 所示，单击"确定"按钮。

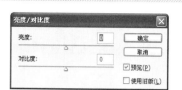
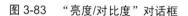
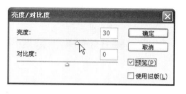

图 3-83　"亮度/对比度"对话框　　　　图 3-84　调整参数

05　通过调整，将灰暗的图像进行了亮度的校正，最终效果如图 3-85
所示。

图 3-85　最终效果

06　执行"文件"|"存储为"命令存储图片。

3.5.5　使用马赛克

为保护人物肖像权，或保护隐私内容，处理照片时我们经常会用到马赛
克。除此之外，马赛克还可以用于处理背景。将处理后的背景用于制作广告
海报等都是不错的选择。如图 3-86 所示为处理前后的效果对比。

图 3-86　处理前后的效果对比

01　启动 Photoshop 软件，按 Ctrl+O 快捷键，打开原图素材文件，如

图 3-87 所示。

　　02　在工具箱中选择"套索"工具，将人物的脸部大致选择，如图 3-88 所示。

图 3-87　打开文件　　　　　　　　　　图 3-88　建立选区

　　03　单击鼠标右键，执行"羽化"命令，如图 3-89 所示。

　　04　打开"羽化选区"对话框，设置羽化半径为 5 像素，如图 3-90 所示，单击"确定"按钮。

图 3-89　执行"羽化"命令　　　　　　图 3-90　设置羽化半径

　　05　执行"滤镜" | "像素化" | "马赛克"命令，如图 3-91 所示。

　　06　弹出"马赛克"对话框，设置"单元格大小"为 8，如图 3-92 所示，单击"确定"按钮。

　　07　按 Ctrl+D 快捷键，取消选区，最终效果如图 3-93 所示。

　　08　执行"文件" | "存储为"命令存储图片。

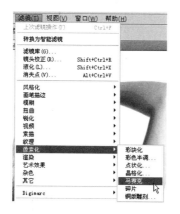

图 3-91　马赛克

图 3-92　设置参数

图 3-93　马赛克效果

3.5.6　商品投影

拍摄商品时由于背景材料及光线等并不能很好地体现出商品的投影，这时候就可以为商品添加投影，添加投影后，画面变得丰富起来，而商品的质感也得到体现。如图 3-94 所示为添加商品投影的前后对比效果。

01　启动 Photoshop 软件，按 Ctrl+O 快捷键，打开原图素材文件，如图 3-95 所示。

02　使用"魔棒"工具将背景选中，然后按 Ctrl+Shift+I 组合键反选，如图 3-96 所示。

图 3-94　添加商品投影的前后对比效果

图 3-95　打开文件　　　　　　　　　　图 3-96　反选

03　按 Ctrl+J 快捷键快速将选区内容复制到新的图层，如图 3-97 所示。

04　按 Ctrl+T 快捷键变换选区，单击鼠标右键，执行"垂直翻转"命令，如图 3-98 所示。

图 3-97　复制到新的图层　　　　　图 3-98　执行"垂直翻转"命令

05　按 Enter 键确定变形，执行"图像"|"画布大小"命令，如图 3-99
所示。

06　弹出"画布大小"对话框，单击"定位"中的 ↑ 按钮，然后设置高
度参数，如图 3-100 所示。

图 3-99　执行"画布大小"命令　　　　图 3-100　设置参数

07　单击"确定"按钮扩展画布。移动上一图层图像到合适的位置，如
图 3-101 所示。

08　在工具箱中选择"渐变"工具，如图 3-102 所示。

图 3-101　移动　　　　　　　　　　图 3-102　选择"渐变"工具

09　在工具选项栏中单击渐变条，选择"从前景色到透明渐变"选项，
这里设置的前景色为白色，如图 3-103 所示。

10 按住 Ctrl 键的同时单击当前图层的缩略图，将该图层载入选区，如图 3-104 所示。

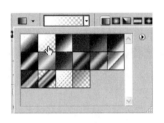

图 3-103 选择"从前景色到透明渐变"选项　　　　图 3-104　载入选区

11 使用渐变工具，按住 Shift 键，从下向上拖出渐变效果，如图 3-105 所示。

12 释放鼠标后按 Ctrl+D 快捷键结束选区，最终效果如图 3-106 所示。

图 3-105　渐变效果　　　　　　　　　　图 3-106　最终效果

13 执行"文件"|"存储为"命令存储图片。

3.6　宝贝照片修饰

为了使自己的商品在众多商品中脱颖而出，提升宝贝的美感，更好地达到宣传店铺的效果，需要对宝贝照片进行修饰。

3.6.1　添加边框

若商品图拍摄得过于单调，无法突出显示宝贝，可以为其添加边框，丰富画面，增加美感。如图 3-107 所示为十字绣添加边框的前后对比效果。

图 3-107　添加边框的前后对比效果

01　启动 Photoshop 软件，打开边框素材，如图 3-108 所示。

02　打开需要添加边框的宝贝图片，如图 3-109 所示。

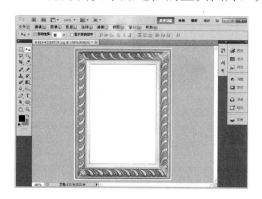

图 3-108　打开素材　　　　　　　　　　图 3-109　打开图片

03　使用移动工具将宝贝拖动到边框文档中，如图 3-110 所示。

04　按 Ctrl+T 快捷键调整图像的大小，完成后的效果如图 3-111 所示。

图 3-110　添加边框　　　　　　　　　　图 3-111　预览效果

05 执行"文件"|"存储为"命令存储图片。

3.6.2 图文修饰

在商品图上添加尺寸等文字信息可以使信息表达更加完整，如图 3-112 所示为对比效果。

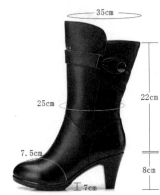

图 3-112　对比效果

01 启动 Photoshop 软件，按 Ctrl+O 快捷键，打开商品图片，如图 3-113 所示。

02 在工具箱中选择"铅笔工具"，如图 3-114 所示。

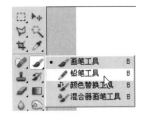

图 3-113　打开文件　　　　图 3-114　选择"铅笔工具"

03 在工具选项栏中设置笔触大小为 1px，如图 3-115 所示。

04 在"图层"面板中单击"创建新的图层"按钮新建图层，如图 3-116 所示。

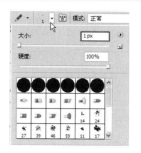

图 3-115　设置笔触

图 3-116　新建图层

05 按住 Shift 键，使用铅笔工具绘制直线，如图 3-117 所示。

06 在工具箱中选择"文本"工具，如图 3-118 所示。

图 3-117　绘制直线

图 3-118　选择"文本"工具

07 输入文本，如图 3-119 所示。

08 在工具箱中选择"矩形选框工具"，如图 3-120 所示。

图 3-119　输入文本

图 3-120　选择"矩形选框工具"

09 在舞台中框选文字下方多余的线条并按 Delete 键删除，如图 3-121 所示。

10 在工具箱中选择"椭圆选框工具"，如图 3-122 所示。

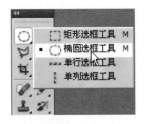

图 3-121　删除　　　　　　　　　图 3-122　选择"椭圆选框工具"

11 在舞台中绘制椭圆选区，并单击鼠标右键，执行"描边"命令，如图 3-123 所示。

12 弹出"描边"对话框，设置宽度为 1px，颜色为黑色，如图 3-124 所示。

图 3-123　执行"描边"命令　　　　　图 3-124　"描边"对话框

13 用同样的方法输入文本并删除多余的线条，图像效果如图 3-125 所示。

14　继续使用椭圆选框工具绘制椭圆选区，为区分鞋子颜色，使用灰色描边，如图 3-126 所示。

图 3-125　图像效果

图 3-126　绘制并描边

15　在工具箱中选择"橡皮擦工具"，如图 3-127 所示。

16　将多余的线条擦除，并输入文本。用同样的方法制作最终效果如图 3-128 所示。

图 3-127　选择"橡皮擦工具"

图 3-128　最终效果

17　执行"文件"|"存储为"命令存储图片。

3.6.3　促销标签

促销商品为更加醒目，通常会加上促销标签，以快速抓住浏览者的目光。

如图 3-129 所示为添加促销标签的前后对比效果。

图 3-129　添加促销标签的前后对比效果

01　启动 Photoshop 软件，按 Ctrl+O 快捷键，打开商品图片，如图 3-130 所示。

02　在工具箱中选择"钢笔"工具，如图 3-131 所示。

图 3-130　打开文件　　　　　　图 3-131　选择"钢笔"工具

03　在图像中绘制路径，如图 3-132 所示。

04　按 Ctrl+Enter 快捷键将路径载入选区，新建图层，填充红色，如图 3-133 所示。

05　单击"图层"面板下方的"图层样式"按钮，选择"投影"选项，如图 3-134 所示。

06　在弹出的对话框中设置参数，如图 3-135 所示。

图 3-132　绘制路径

图 3-133　填充红色

图 3-134　选择"投影"选项

图 3-135　设置参数

07　单击"确定"按钮后的图像效果如图 3-136 所示。

08　在工具箱中选择"文本"工具，如图 3-137 所示。

图 3-136　图像效果

图 3-137　选择"文本"工具

09　在图像上输入文字，如图 3-138 所示。

10　按 Ctrl+T 快捷键旋转文本，最终效果如图 3-139 所示。

图 3-138　输入文本　　　　　　　　　图 3-139　最终效果

11　执行"文件"|"存储为"命令存储图片。

3.7　使用美图秀秀

美图秀秀是一款很好用的免费图片处理软件，不用学习就会用，比 Photoshop 简单很多。使用美图秀秀同样可以处理很多照片，对于所有的新手买家来说是比较好的选择。

3.7.1　调整尺寸

除了需要上传宝贝主图外，很多时候还会用到一些小图，如颜色图、广告图等，这时就需要调整照片的尺寸，使用美图秀秀可以快速地做到。

01　启动"美图秀秀"，单击"美化图片"按钮，如图 3-140 所示。

02　在弹出的对话框中单击"打开一张图片"按钮，如图 3-141 所示。

03　在打开的对话框中选择一张照片，单击"打开"按钮，如图 3-142 所示。

图 3-140　单击"美化图片"按钮

图 3-141　单击"打开一张图片"按钮

图 3-142　单击"打开"按钮

04　打开照片后，单击右上角的"尺寸"按钮，如图 3-143 所示。

图 3-143　单击"尺寸"按钮

05 打开"尺寸"对话框,在"常用尺寸推荐"下可以选择需要的尺寸,或者直接输入尺寸数值,如图 3-144 所示。

06 单击"应用"按钮,然后单击美图秀秀界面右上角的"保存与分享"按钮,如图 3-145 所示。

图 3-144 修改尺寸

图 3-145 单击"保存与分享"按钮

07 弹出"保存与分享"对话框,设置保存路径、文件名及格式,单击"保存"按钮,如图 3-146 所示。

08 弹出新的对话框,提示保存成功,如图 3-147 所示。

图 3-146 单击"保存"按钮

图 3-147 保存成功

3.7.2 处理曝光不足

在 Photoshop 中处理曝光不足要涉及色阶、曲线等参数的设置,而在美图秀秀中仅需要简单的操作即可快速完成。如图 3-148 所示为处理曝光不足的效果。

图 3-148　处理曝光不足的效果

01　打开一张曝光不足的图片，如图 3-149 所示。

02　单击左侧区域的"高级"选项卡，如图 3-150 所示。

图 3-149　打开图片

图 3-150　单击"高级"选项卡

03　拖动"智能补光"滑块到合适的位置，如图 3-151 所示。

04　直到右侧的图像效果满意为止，如图 3-152 所示。

图 3-151　调整"智能补光"

图 3-152　调整到满意的效果

05 进行补光后，还可以根据实际情况对其他选项进行设置。单击"基础"选项卡，调整"色彩饱和度"，如图 3-153 所示。

06 调整满意后，单击界面下方的"对比"按钮，如图 3-154 所示。

图 3-153　调整"色彩饱和度"

图 3-154　单击"对比"按钮

07 对比效果如图 3-155 所示。单击"保存与分享"按钮保存调整后的照片。

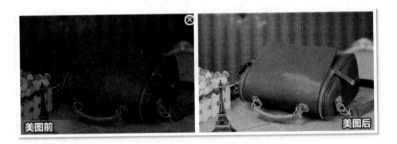

图 3-155　对比效果

3.7.3　图片调色

对于同一款式的不同颜色产品，除了可以逐个拍摄外，还可以使用调色功能来快速完成，省时省力，当然前提是保证图片颜色接近实物颜色。如图 3-156 所示为使用美图秀秀进行图片调色的效果。

图 3-156　图片调色效果

01　打开一张需要调色的图片，如图 3-157 所示。

02　单击左侧区域的"调色"选项卡，如图 3-158 所示。

图 3-157　打开图片

图 3-158　单击"调色"选项卡

03　对"调色"功能内的滑块进行调整，如图 3-159 所示。

04　直到调整后的照片效果满意为止，单击"对比"按钮，预览对比效果，如图 3-160 所示。

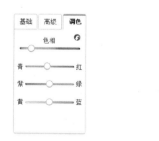

图 3-159　调整滑块

图 3-160　对比效果

05 最后单击"保存与分享"按钮即可。

3.7.4 添加图片边框

有时候，为了突出图片的主体，可以为其添加边框。美图秀秀中自带有很多边框，用户只需选择喜欢的边框即可应用到图片上，方便快捷。如图 3-161 所示为添加照片边框的对比效果。

图 3-161 添加照片边框的对比效果

01 打开需要添加边框的图片，如图 3-162 所示。

02 切换到"边框"选项卡，如图 3-163 所示。

图 3-162 打开文件

图 3-163 切换到"边框"选项卡

03 在左侧选择边框类别，然后在右侧的"在线素材"中选择素材，如图 3-164 所示。

04 打开"边框"对话框，预览添加边框的效果后，单击"确定"按钮，如图 3-165 所示。

图 3-164　单击素材

图 3-165　单击"确定"按钮

05　单击"对比"按钮，预览对比效果如图 3-166 所示。单击"保存"按钮将图片保存即可。

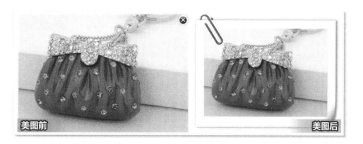

图 3-166　预览对比效果

第 4 章

淘宝账户注册

淘宝会员是身份的象征，是淘宝网的通行证。在淘宝网开店，注册淘宝会员是必不可少的前提条件。

4.1 加入淘宝会员

加入淘宝会员是在淘宝开店的第一步，本节将学习如何加入淘宝会员及修改会员的个人头像。

4.1.1 注册淘宝会员

淘宝会员的注册十分简单，用户只需根据提示进行操作即可轻松完成。

01 打开浏览器，在地址栏中输入 http://www.taobao.com，登录淘宝网，单击淘宝首页左上角的"免费注册"超链接，如图 4-1 所示。

02 打开注册页面，填写包括会员名、登录密码和验证码之类的账号信息，单击"同意协议并注册"按钮，如图 4-2 所示。

图 4-1 进入淘宝首页

图 4-2 填写账号信息

03 进入第二步操作，填写手机号码，单击"提交"按钮，如图 4-3 所示。

04 在弹出的短信获取验证码界面中，填写手机收到的验证码，单击"验证"按钮，如图 4-4 所示。

图 4-3　填写手机号码　　　　　　　图 4-4　填写验证码

> **提示：** 因为淘宝支持会员以手机号登录账号，因此在注册会员时，填写的手机号码必须为未曾注册过淘宝账号的。

05　验证完成后，进入第三步，提示注册成功，如图 4-5 所示。

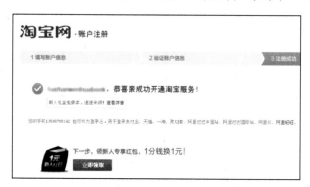

图 4-5　注册成功

4.1.2　修改个人头像

网上交易中，头像就相当于展示给他人的形象。每个人的头像都是一个十分重要的身份标识，是一个人审美品位、审美情趣的体现。一个好的头像通常能够产生巨大的感染力。

01　登录淘宝网，单击首页上的"我的淘宝"链接，如图 4-6 所示。

02　进入"我的淘宝"页面，将鼠标放置在右侧的头像图标上，单击"编辑资料"链接，如图 4-7 所示。

图 4-6　单击"我的淘宝"链接

图 4-7　单击"编辑资料"链接

03　进入"个人资料"，单击"编辑头像"链接，如图 4-8 所示。

图 4-8　单击"编辑头像"链接

04　单击"本地上传"按钮，如图4-9所示。

图4-9　单击"本地上传"按钮

05　弹出"打开"对话框，选择一张图片，单击"打开"按钮，如图4-10所示。

06　调整头像的大小及显示区域，单击"保存"按钮，如图4-11所示。

图4-10　单击"打开"按钮

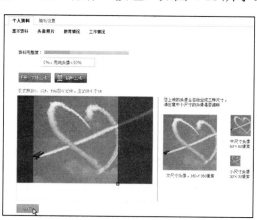

图4-11　单击"保存"按钮

07　修改头像后，单击"个人主页"链接，如图4-12所示。

08　在"个人主页"页面即显示了上传的头像，如图4-13所示。

图 4-12 单击"个人主页"链接

图 4-13 个人主页

4.2 安全支付宝

　　为了创造安全的网络交易环境，在交易中有一个非常重要的环节，就是支付宝。支付宝致力于为中国电子商务提供"简单、安全、快速"的在线支付解决方案。

4.2.1 了解支付宝

　　支付宝最初作为淘宝网公司为了解决网络交易安全所设的一个功能，该功能为首先使用的"第三方担保交易模式"，由买家将货款打到支付宝账户，由支付宝向卖家通知发货，买家收到商品确认后指令支付宝将货款放于卖家，至此完成一笔网络交易。支付宝于 2004 年 12 月独立为浙江支付宝网络技术有限公司，由阿里巴巴公司创办。

　　支付宝特别适用于计算机、手机、首饰及其他单价较高的物品交易或者一切希望对安全更有保障的交易。在淘宝网使用支付宝是免费的。当用户支付商品货款的时候，通过淘宝的工行接口付款，用户不用负担汇费。

4.2.2 我的支付宝

　　当使用手机号码成功注册淘宝账户时，就已同步创建了手机支付宝账户。用户只需对支付宝信息进行补全，就可以激活并使用支付宝了。

　　01 单击淘宝网中的"我的淘宝"链接，进入我的淘宝页面，单击"我

的支付宝"链接，如图 4-14 所示。

　　02　打开一个新的页面，即"我的手机支付宝"页面，如图 4-15 所示。

图 4-14　单击"我的支付宝"链接

图 4-15　"我的手机支付宝"页面

　　03　在"我的淘宝"页面，单击"实名认证"链接，如图 4-16 所示。

　　04　进入新的页面，填写信息，如图 4-17 所示。

图 4-16　单击"实名认证"链接

图 4-17　填写信息

　　05　单击"确定"按钮，进入第二步操作，填写银行卡号并单击"同意协议并确定"按钮，如图 4-18 所示。

　　06　如果没有银行卡，则可以单击"先跳过，注册成功"链接，如图 4-19 所示。

　　07　提示成功开通支付宝服务，如图 4-20 所示。

图 4-18　单击"同意协议并确定"按钮

图 4-19　单击"先跳过，注册成功"链接

图 4-20　提示开通支付宝服务

4.2.3　支付宝的实名认证

通过支付宝实名认证后，相当于拥有了一张互联网身份证，它增加了支付宝账户拥有者的信用度。实名认证后的支付宝才能在淘宝开店、出售商品。

01　登录"支付宝"页面，单击"未认证"链接，如图 4-21 所示。

02　进入新的页面，阅读条款后单击"立即申请"按钮，如图 4-22 所示。

图 4-21　单击"未认证"链接

图 4-22　单击"立即申请"按钮

03　进入新的页面，选择适合淘宝卖家的"普通认证"选项，单击"立即申请"按钮，如图 4-23 所示。

图 4-23　单击"立即申请"按钮

04　进入认证的第一步操作，输入身份信息，如图 4-24 所示。

图 4-24　输入身份信息

05　单击"下一步"按钮，确认身份信息，单击"确定"按钮，如图 4-25 所示。

图 4-25　单击"确定"按钮

06　选择是否上传身份证，这里单击"上传证件"链接，如图 4-26 所示。

图 4-26　单击"上传证件"链接

07　显示"上传身份证件"内容，单击"正面"后的"点击上传"按钮，如图 4-27 所示。

图 4-27　单击"点击上传"按钮

08　在弹出的对话框中，单击左侧区域，如图 4-28 所示。

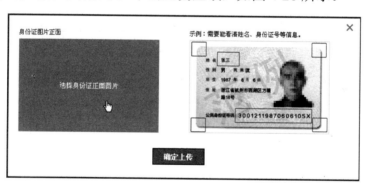

图 4-28　单击左侧区域

09　上传图片后单击"确定上传"按钮，用同样的方法上传身份证背面图片。

10　填写身份证到期时间和常用地址后单击"确认提交"按钮，如图 4-29 所示。

11　进入验证银行卡信息页面，选择开户银行和银行卡号，单击"下一步"按钮，如图 4-30 所示。

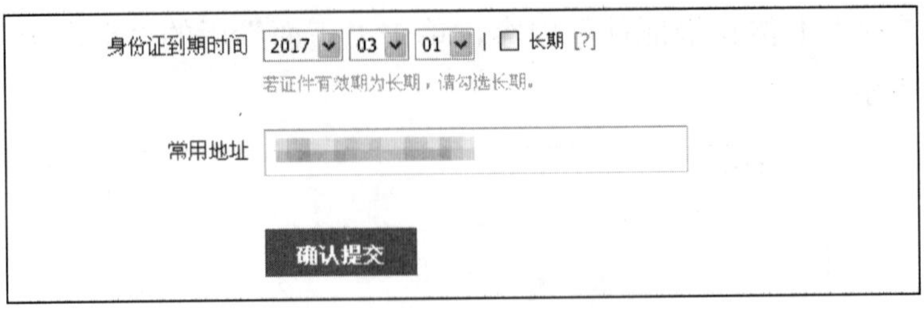

图 4-29　单击"确认提交"按钮

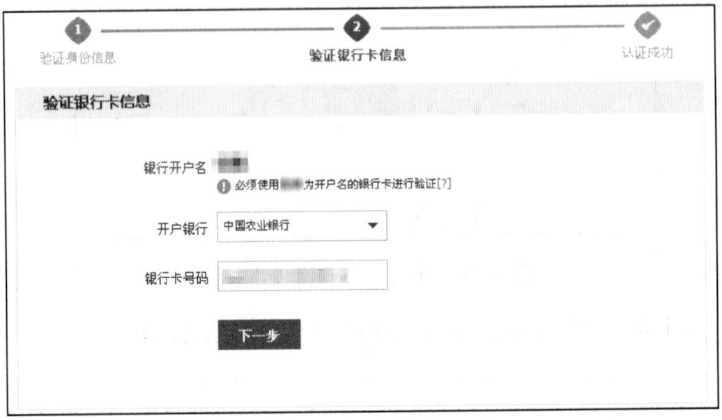

图 4-30　单击"下一步"按钮

12　确认银行卡信息，单击"下一步"按钮，如图 4-31 所示。

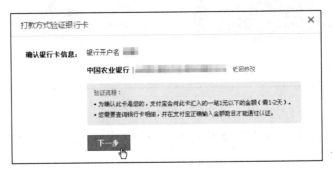

图 4-31　确认银行卡信息

13　提示等待汇款，如图 4-32 所示。

14　查询到打款金额后，登录支付宝账户，此时页面会提示继续认证，单击该链接，如图 4-33 所示。

图 4-32 提示等待汇款

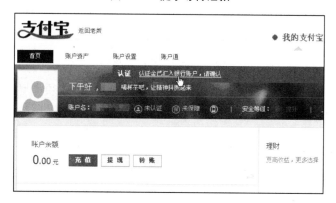

图 4-33 单击链接

提示： 一般情况下，支付宝向银行汇款后会以短信的方法提醒用户继续认证。

15 进入认证页面，单击"输入查询到的金额"按钮，如图 4-34 所示。

图 4-34 单击"输入查询到的金额"按钮

16 输入收到的金额，然后单击"确定"按钮，如图 4-35 所示。

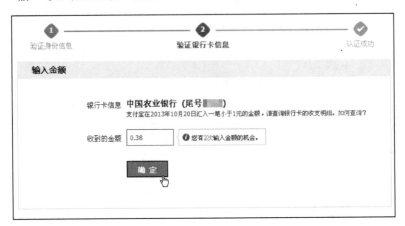

图 4-35　单击"确定"按钮

提示：支付宝向用户汇款的金额是随机的，因此用户必须查询银行卡收支明
　　　细，确定金额后方能认证通过。

17 进入认证的最后一步，完成认证，如图 4-36 所示。

图 4-36　完成认证

4.3　关联注册

有过网购经历的人都知道网购时还需要注册两个重要的账户，即网上银

行和电子邮箱。

4.3.1　网上银行

在淘宝网中交易经常会用到网上银行，一方面大大地方便了客户网上购物，另一方面可对网店的资金进行管理。通过网上银行，用户可以享受到方便、快捷、高效和可靠的全方位服务。可以在任何需要的时候使用网上银行的服务，不受时间、地域的限制。

用户需要使用网银进行转账、交易等业务时，应带上个人身份证到相应银行网点的柜台进行网银办理。若仅需要使用网银对账户进行查询、投资理财等操作，则可进入相应的银行门户网站进行自助网银办理。下面通过办理中国农业银行的网银，来学习如何办理网上银行。

01　进入中国农业银行的网站首页，单击左侧区域中的"个人网上银行登录"按钮，如图 4-37 所示。

图 4-37　单击登录按钮

02　打开一个新的页面，单击"新用户注册"链接，如图 4-38 所示。

03　阅读服务协议，然后单击下方的"确定"按钮，如图 4-39 所示。

图 4-38　单击"新用户注册"链接

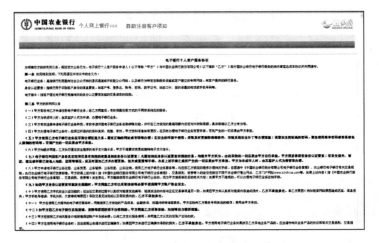

图 4-39　单击"确定"按钮

04　填写相关信息，然后单击"提交"按钮，如图 4-40 所示。

图 4-40　单击"提交"按钮

05　注册成功后，即可登录网上银行，查看信息。

4.3.2　电子邮箱

在对淘宝账户进行完善时，可绑定相应的电子邮箱，绑定后的邮箱可作为登录账号登录淘宝网。淘宝网的动态信息会发送到绑定的电子邮箱中，以便用户接收查看。

如今常用的邮箱有 QQ 邮箱、网易的 163、162 邮箱。拥有 QQ 账户的会员即拥有 QQ 邮箱，无须注册即可使用。本小节将学习如何注册网易的 163 邮箱。

01　进入网易 163 邮箱首页，如图 4-41 所示。

02　在登录界面的右下角单击"注册网易免费邮"链接，如图 4-42 所示。

图 4-41　163 邮箱首页

图 4-42　单击链接

03　进入注册页面，这里提供两种注册方式，用户自行选择，这里以"注册字母邮箱"为例，填写信息后单击"立即注册"按钮，如图 4-43 所示。

图 4-43　单击"立即注册"按钮

04 进入新的页面，提示注册成功，用户可选择验证手机或单击下方的"跳过这一步，进入邮箱"链接，如图 4-44 所示。

图 4-44　单击链接

05 进入"我的邮箱"页面，用户即拥有了一个属于自己的邮箱，如图 4-45 所示。

图 4-45　进入"我的邮箱"页面

第 5 章

淘宝开店大攻略

淘宝账户有了，网银、邮箱也都准备妥当，万事俱备，只欠东风。淘宝开店当然并不是一件简单的事情，本章将学习淘宝开店的所有攻略，帮助卖家快速成功地开店。

5.1 集市免费开店

淘宝可以说是个大商场，也是个大集市。在淘宝集市中，用户可以免费开店，免费交易。下面将学习如何在集市中免费开店。

5.1.1 开店认证

淘宝开店认证是指淘宝对于卖家提供的一项身份识别服务。自 2013 年 10 月 12 日起，新开店的卖家只需完善支付宝信息并且处于银行打款中(无须上传支付宝认证照片)即可进行淘宝认证。

01 登录淘宝网首页，单击网页上方的"卖家中心"链接，如图 5-1 所示。

02 进入"卖家中心"页面，单击"免费开店"链接，如图 5-2 所示。

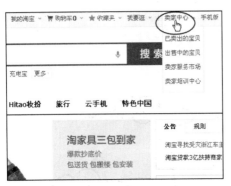
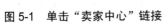

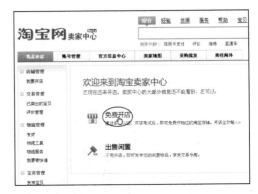

图 5-1 单击"卖家中心"链接 　　　　图 5-2 单击"免费开店"链接

03 进入新的页面，这里有"个人开店"和"企业开店"两个选择，如图 5-3 所示。

04 这里选择的是"个人开店"选项，在"淘宝开店认证"后单击"立即认证"链接，如图 5-4 所示。

图 5-3　选择

图 5-4　单击"立即认证"链接

05　填写身份证号码，然后上传手持身份证头部照和半身照，单击"提交审核"按钮，如图 5-5 所示。

06　在弹出的提示对话框中单击"确认提交"按钮，如图 5-6 所示，然后等待审核。

07　等待审核通过后，单击"创建店铺"按钮，如图 5-7 所示。

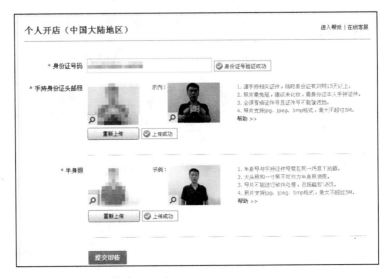

图 5-5　单击"提交审核"按钮

图 5-6　单击"确认提交"按钮

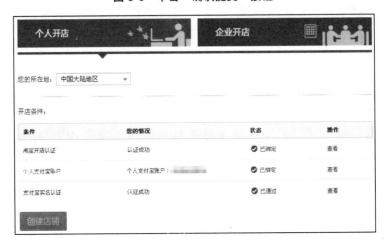

图 5-7　单击"创建店铺"按钮

08　弹出对话框，阅读承诺书后单击"同意"按钮，如图 5-8 所示。

09　进入新的页面，填写店铺信息并确认后即可成功开店，如图 5-9 所示。

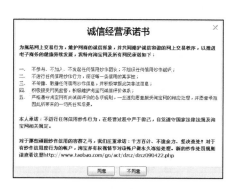

图 5-8　单击"同意"按钮

图 5-9　填写店铺信息

5.1.2　开通旺铺专业版

开店认证成功后即拥有了一个旺铺基础版的店铺。淘宝为扶植新手卖家，为 1 钻以下的卖家用户免费赠送了旺铺专业版服务。下面来学习如何开通旺铺专业版。

01　登录淘宝，单击"卖家中心"链接，进入卖家中心，单击右侧模块中的"订购服务"按钮，如图 5-10 所示。

图 5-10　单击"订购服务"按钮

02 在打开的"卖家服务"页面中单击"店铺/装修",在弹出的菜单中单击"旺铺"链接,如图 5-11 所示。

03 单击"淘宝旺铺"链接,如图 5-12 所示。

图 5-11 单击"旺铺"链接

图 5-12 单击"淘宝旺铺"链接

04 在打开的页面中单击"立即使用"按钮即可开通旺铺专业版,如图 5-13 所示。

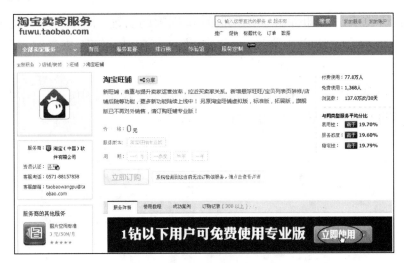

图 5-13 单击"立即使用"按钮

5.2 设置店铺

有了自己的店铺后就要对其进行大改造了,第一步就是对店铺进行基本设置。下面来学习店铺的设置。

5.2.1　商品分类设置

将商品进行合理分类，不仅方便自己管理，使店铺逐渐专业化、品质化，还能使买家查看宝贝时一目了然，给买家选购商品带来方便。

01　登录淘宝，单击"卖家中心"链接，进入卖家中心，单击左侧栏中的"宝贝分类管理"链接，如图 5-14 所示。

图 5-14　单击"宝贝分类管理"链接

02　打开新的页面，单击"添加手工分类"按钮，如图 5-15 所示。

图 5-15　单击"添加手工分类"按钮

03　为添加的分类输入名称，如图 5-16 所示。

提示：卖家可以根据宝贝的季节、活动及上市时间等进行分类。

图 5-16　输入分类名称

04　单击"添加子分类"按钮，还可以添加其子分类，如图 5-17 所示。

图 5-17　单击"添加子分类"按钮

> **提示：**子分类是指基于上一个分类的更细小的分类，如女装下可设置女款短袖、女款长袖、女款裙子等。

05　用同样的方法添加其他分类及其子分类，然后单击右上角的"保存更改"按钮，如图 5-18 所示。

图 5-18　单击"保存更改"按钮

提示：用户可以根据需要随时对宝贝分类进行修改，修改后切记保存。

5.2.2　店铺信息修改

店铺的名称、店标、域名等都是一个店铺的象征性代表，在网店的后期发展中能逐渐形成网店的代名词。下面学习如何修改店铺的这些信息。

1．店铺名称

开店后店铺名称默认为系统设定的名字，如图 5-19 所示的代码。

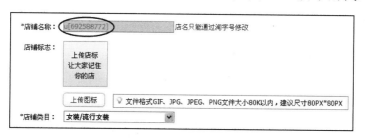

图 5-19　系统默认的名称

由于淘宝店铺名称的唯一性，用户需在开店前取好店铺名称，下面学习如何修改店铺名称。

01　进入"卖家中心"页面，单击左侧栏中的"店铺基本设置"链接，如图 5-20 所示。

图 5-20　单击"店铺基本设置"链接

02 单击"店名只能通过淘字号修改"链接，如图 5-21 所示。

图 5-21 单击链接

03 在打开的新页面中即可对店铺名称进行修改，如图 5-22 所示。

04 在"新店铺名"文本区域中输入店铺名，弹出对话框，单击"确认"按钮，如图 5-23 所示。

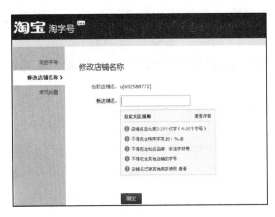

图 5-22 修改店铺名称

图 5-23 单击"确认"按钮

提示：修改店铺名称时自定义区规则中，❶代表系统未检测，✅代表系统检测通过，❌代表系统检测未通过。

05 返回"店铺基本设置"页面，单击底部的"保存"按钮保存更改，如图 5-24 所示。

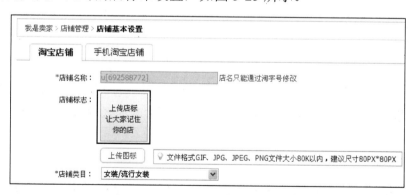

图 5-24　单击"保存"按钮

2. 店标

店标，顾名思义就是店铺的标志，店标可以是店铺的名称设计、品牌 LOGO 设计或者形象设计等。一个网店的店标可作为一个店铺的形象参考，给人的感觉是最直观的。可以代表该店铺的风格、店主的品位、产品的特性，也在一定程度上起到了宣传的作用。

一般而言，适合自己店铺的店标都是需要自己设计制作的，在后面的章节中我们会讲到如何制作店标。这里先学习店标的上传。

01　进入"卖家中心"页面，单击左侧栏中的"店铺基本设置"链接。打开新的页面，此时的店标未设置，如图 5-25 所示。

图 5-25　店标未设置状态

02　单击"上传图标"按钮，如图 5-26 所示。

03　弹出对话框，选择店标图片，单击"打开"按钮，如图 5-27 所示。

图 5-26　单击"上传图标"按钮

图 5-27　单击"打开"按钮

04　图标上传完成后，单击"保存"按钮，刷新网页后，即可显示上传后的店标效果，如图 5-28 所示。

图 5-28　店标效果

> **提示：** 用户上传店标后若无显示，则应检查店标的图片大小是否在规定的 80K 以内。为确保店标不变形，制作店标时的尺寸应为 80PX×80PX。

3. 域名

每个淘宝店铺都有其相应的域名，初始域名是比较难记的，这时就需要对域名进行设置了。

01　进入"卖家中心"，单击左侧栏中的"域名设置"链接，如图 5-29 所示。

02　在域名设置页面中即可修改店铺的域名，如图 5-30 所示。

图 5-29　单击"域名设置"链接　　　　　图 5-30　修改域名

03　在文本框中输入域名后，单击"查询"按钮，如图 5-31 所示。

图 5-31　单击"查询"按钮

04　单击按钮后，系统会查询是否符合域名的命名规则，以及该域名是否被占用。若均符合，即可单击"申请绑定"按钮，如图 5-32 所示。

图 5-32　单击"申请绑定"按钮

05　阅读《淘宝网子域名自助注册及使用规则》，选中"同意以上规则"复选框，然后单击"绑定"按钮，如图 5-33 所示。

06　提示域名绑定成功，如图 5-34 所示。

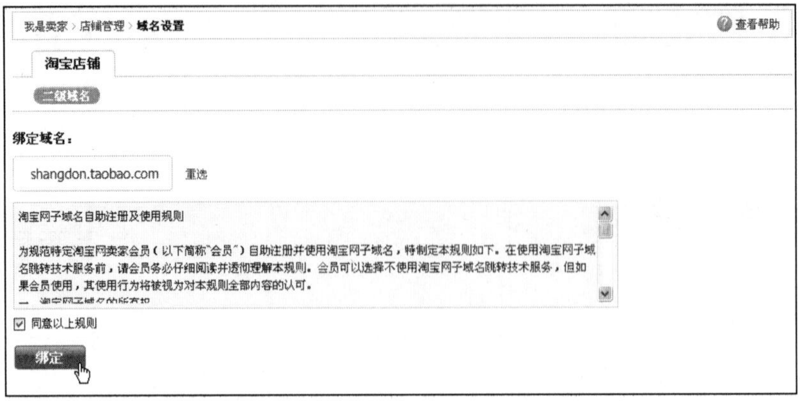

图 5-33　单击"绑定"按钮

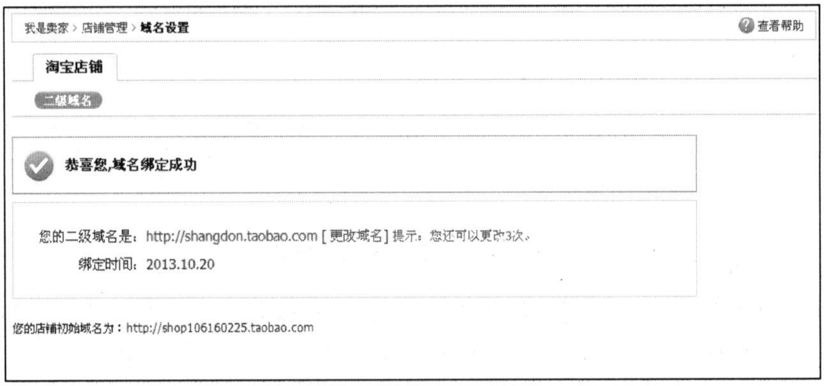

图 5-34　成功绑定域名

提示： 在设置域名后还可以对域名进行三次更改。

5.3　摆货上架

　　淘宝店开起来了，可是如何摆货呢，这对于很多新手卖家来说是个大问题。下面一起来看看如何在店铺摆货上架吧。

5.3.1　商品信息准备

　　网购买家通过阅读各商品信息来决定购买哪件商品。因此，摆货上架前需要准备的东西应包括商品图片及宝贝描述在内的商品信息。

1．商品图

商品图片是顾客考虑购买与否的重要因素。网店商品图片应注重实拍效果，且保证颜色真实。完整的商品信息图应包括全方位实拍图、细节图、标签吊牌图等。部分类目的商品，如服装、包袋等应附上模特实拍图，以便买家参考。

准备商品大图时，应选择 700×700 像素以上的图片，才能在宝贝详情页主图提供图片放大功能。在商品图的颜色分类中还可以添加商品的缩小图，这样会使颜色分类更加直观，买家选择时也更容易。如图 5-35 所示为某商品图。

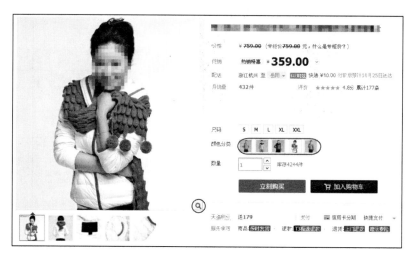

图 5-35　某商品图

2．宝贝描述

宝贝描述应包括商品信息、尺码表及各商品图。如图 5-36 所示为某商品的部分宝贝描述。

宝贝描述不应弄虚作假，欺骗消费者。虚构的宝贝描述不仅不能为店铺带来收益，还可能面临买家投诉及淘宝的违规处罚。

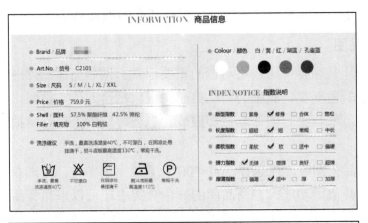

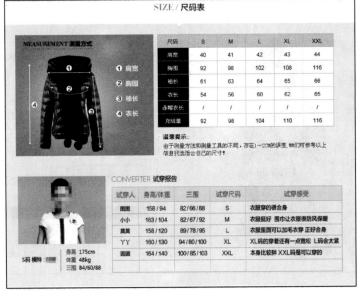

图 5-36　某商品的部分宝贝描述

5.3.2　发布"一口价"商品

所谓"一口价"商品，是由卖家固定且不予议价的商品，发布的"一口价"商品以该定价进行销售。下面来学习如何发布"一口价"商品。

01　登录淘宝网首页，进入卖家中心，单击左侧栏中的"发布宝贝"链接，如图 5-37 所示。

图 5-37 单击"发布宝贝"链接

02 进入宝贝发布选择页面，这里有"一口价"和"个人闲置"两种发布商品的方式可供选择，如图 5-38 所示。

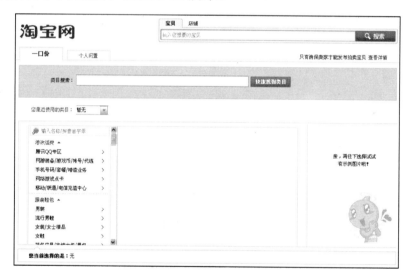

图 5-38 选择发布方式

03 默认是"一口价"发布方式，选择要发布商品的类目，然后单击"我已阅读以下规则，现在发布宝贝"按钮，如图 5-39 所示。

04 打开新的网页，填写宝贝的基本信息，如图 5-40 所示。

图 5-39　单击按钮

图 5-40　填写宝贝基本信息

提示：带有*内容为必填内容，其他内容用户可根据实际情况选择性填写。

05　信息填写完成后单击下方的"预览"按钮，如图 5-41 所示。

06　在打开的网页中预览商品发布的效果，如图 5-42 所示。

07　回到商品发布网页，单击"发布"按钮，即可发布宝贝，查看发布的宝贝，如图 5-43 所示。

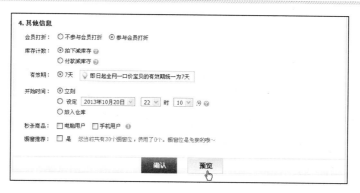

图 5-41　单击"预览"按钮

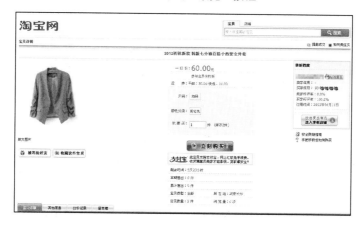

图 5-42　预览效果

图 5-43　查看发布的宝贝

5.3.3 发布"个人闲置"商品

发布"个人闲置"商品是指将手上闲置的商品以闲置品的方式转让或出售给他人，未开店的个人也可发布"个人闲置"商品。

01 进入宝贝发布选择页面，单击"个人闲置"按钮，如图 5-44 所示。

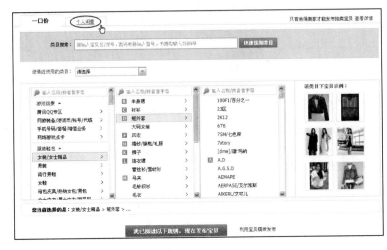

图 5-44 单击"个人闲置"按钮

02 进入"淘宝二手"网页，在"发布闲置"下填写信息，然后单击"立即发布"按钮，如图 5-45 所示。

图 5-45 单击"立即发布"按钮

03　在新打开的网页中单击"查看宝贝"按钮，如图 5-46 所示。

图 5-46　单击"查看宝贝"按钮

04　打开新的网页，查看发布的闲置商品，如图 5-47 所示。

图 5-47　查看发布的闲置商品

05　单击右侧"我的闲置"按钮，在下拉菜单中选择链接，如图 5-48 所示。

06　进入相应的网页后对商品进行管理，如图 5-49 所示。

图 5-48　选择链接　　　　　　　　　**图 5-49　管理商品**

5.3.4　发布"拍卖"商品

"拍卖"是指出售的商品由买家出价竞拍，到没有人再出更高价时就成交。在淘宝网中，需签署《消费者保障服务》并已缴纳保证金的消保卖家才能发布"拍卖"商品。

进入宝贝发布选择页面，单击"拍卖"按钮，如图 5-50 所示，然后根据提示进行操作即可发布"拍卖"商品。

图 5-50　单击"拍卖"按钮

淘宝拍卖/淘宝拍卖会现在有增价拍、荷兰拍、降价拍三种拍卖形式。

1. 增价拍

增价拍是指拍卖宝贝数量为 1,拍卖价格从低到高自由竞价,拍卖结束时,出价最高者获得拍卖的胜利。

2. 荷兰拍

荷兰拍是指拍卖数量大于 1,价高者优先获得宝贝,相同价格先出价者先得,最终商品成交价格是最低成功出价的金额。如果最后一位获胜者可获得的宝贝数量不足,则可以放弃购买。

发布荷兰拍商品卖家信用分数必须大于等于 11 分。

为方便新手卖家理解,下面对荷兰拍举例。

- 一位卖家拍卖 10 件摄像头,起拍价格是 1 元。10 位买家各出价购买一支摄像头,出价金额均为 1 元。在这种情况下,所有 10 位出价者都将以 1 元的价格购得一个摄像头。

- 一位卖家拍卖 10 件摄像头,起拍价格是 1 元。到竞价拍卖结束的时候,有 3 位获胜的出价者,一个出价 5 元,买 1 件,一个出价 3 元,买 1 件,1 个出价 2 元买 10 件,最后 3 位都将以 2 元购买此宝贝。因为前两位出价者出价较高,所以都能得到自己需要的数量(出价相同的,先出价者排前面)。最后一位出价者因为出价较低,所以只能得到 8 件(此时只剩下 8 件,不能满足他的购买总数,他也可以放弃购买)。

- 一位卖家拍卖 10 件摄像头,起拍价格是 1 元。到竞价拍卖结束的时候,有 2 位获胜的出价者,一个出价 5 元,买 1 件,一个出价 3 元,买 1 件,因为他们的购买数量不足 10 件,将以起拍价格,即 1 元成交。

3. 降价拍

拍卖宝贝的竞价由高到低依次递减直到竞买人应价时成交的一种拍卖方式。如果宝贝数量为 1,则拍卖在第一个竞买人应价时成交且拍卖结束;如果宝贝数量大于 1,则拍卖在所有宝贝被竞买人应价完后,拍卖结束。

为方便新手卖家理解，下面对降价拍举例。

- 如果一件降价拍商品，起始价格是 100 元，降价幅度是每 10 分钟降价 10 元，总的持续降价时间是 10 分钟，商品数量是 2 件。

- 降价拍商品的价格如何下降：从开拍开始，该商品的价格将会按照预设的幅度开始下降，第一个 10 分钟过后，当前价格将会显示为 90 元(即按照预设的降价幅度下降了 10 元)，第二个 10 分钟过后，当前价格将会显示为 80 元(即按照预设的降价幅度下降了 20 元)，依此类推。

- 用户如何竞拍降价拍商品：在商品降价过程中，用户如果要购买，点击出价竞买按钮再按浮窗提示操作冻结保证金即可。

- 降价拍的成交价格：降价拍的成交特点是，用户参与竞拍，以拍下时的价格即时成交。比如，用户甲于 80 元的时候竞拍了一件商品，那么即使这件商品后续价格降至 60 元，用户甲的最后成交价格也是 80 元。

- 降价拍何时结束：有两个条件将导致降价拍的结束，一是降价时间结束；二是库存商品全部被拍走。

第 6 章　店铺基础装修

网店的装修与实体店的装修一样，都是让店铺更加丰富美观，更吸引人。不同的是，网店的客户只能从网上的文字和图片来了解我们、了解产品。因此，网店装修至关重要，好的网店装修能增加买家的信任感，甚至还能对自己店铺品牌的树立起到关键作用。

所谓万丈高楼平地起，本章将学习网店的基础装修。

6.1 店铺装修用到的各种图像文件

无论是店铺装修用到的素材，还是宝贝详情页的商品信息图等都会用到图像，图像的格式有很多种，每种格式都有其特点，本小节将带领大家一同认识、了解常见的图像文件。

6.1.1 JPEG 图像格式

JPEG 是最常用的图像文件格式，各类浏览器均支持 JPEG。它有损压缩格式，能够将图像压缩在很小的储存空间，可以用最少的磁盘空间得到较好的图像质量。因其文件尺寸较小，下载速度快，能以较短的下载时间提供大量美观的图像，也就顺理成章地成为网络上最受欢迎的图像格式。

6.1.2 PNG 图像格式

PNG 格式是一种位图文件存储格式，因其高保真性、透明性及文件体积较小等特性，被广泛应用于网页设计、平面设计中。

在网店装修设计过程中，PNG 格式的图片通常被我们当作素材来使用。

6.1.3 GIF 格式

GIF 分为静态 GIF 和动画 GIF 两种，扩展名为.gif。该格式使用无损压缩来减少图片的大小，支持透明背景图像，网上很多小动画都是 GIF 格式。GIF 格式因其体积小而成像相对清晰，且在网上的装载速度很快，特别适合于初期慢速的互联网，因此大受欢迎。和 JPG 格式一样，这是一种在网络上非常流行且较普遍使用的图像文件格式。

6.1.4　PSD 格式

PSD 是著名的 Adobe 公司的图像处理软件 Photoshop 的专用格式。它其实是 Photoshop 进行平面设计的一张 "草稿图"，它里面包含有各种图层、通道、遮罩等多种设计的样稿，以便于下次打开文件时可以修改上一次的设计。在 Photoshop 所支持的各种图像格式中，PSD 的存取速度比其他格式快很多，功能也很强大。由于 Photoshop 越来越被广泛地应用，这种格式也逐步流行起来。

用 PSD 格式保存图像时，图像没有经过压缩，所以当图层较多时，会占很大的硬盘空间。

6.2　店铺图片的存储空间

淘宝规定自 2013 年 7 月起，对于在淘宝店铺内植入统计代码的外部图片将无法继续在店铺装修及宝贝详情中使用。因此，卖家用来存储店铺图片的存储空间仅限于淘宝店铺自带的图片存储空间。

淘宝图片空间是淘宝官方产品，稳定、安全。其管理方便，能批量操作，宝贝详情页的图片打开速度快，能提高买家的浏览量，从而提升成交量。

对于旺铺卖家，淘宝赠送的图片空间容量为 1.29G，若容量不够用，卖家还可以订购其他容量的空间。下面学习如何订购图片空间。

01　进入 "卖家中心" 页面，单击左侧栏中的 "图片空间" 链接，如图 6-1 所示。

02　进入 "图片空间" 页面，单击 "首页" 链接，如图 6-2 所示。

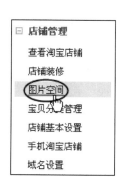

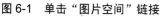

图 6-1　单击 "图片空间" 链接

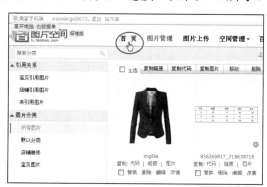

图 6-2　单击 "首页" 链接

03 进入首页，此时可以看到图片空间的容量及已使用的容量，如图 6-3 所示。

04 单击"订购"按钮，如图 6-4 所示。

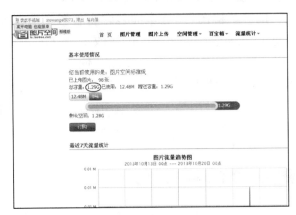

图 6-3　首页

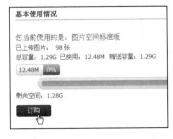

图 6-4　单击"订购"按钮

05 进入"淘宝卖家服务"页面，选择服务版本及周期后单击"立即订购"按钮，如图 6-5 所示。

图 6-5　单击"立即订购"按钮

06 对其进行付费后即可拥有该容量空间至相应的周期。

6.3　店铺风格的定位

店铺的风格是指店铺的独特品位及格调，它是最直观的，定位合适的风格能给买家留下良好的第一印象。在淘宝店铺中有充满华贵气质的复古风格，有明了大方的简约风格，更有贴近自然的清新风格等。该选择哪种风格来装饰店铺，成为卖家们思考的问题。

6.3.1　选择模板

2012 新版旺铺为用户提供了新老系统共 5 款模板，每款模板都有其不同的布局及模块，选择哪款模块需要根据用户的喜好。

01　进入卖家中心，单击左侧栏中的"店铺装修"链接，如图 6-6 所示。

02　打开"店铺装修"页面，如图 6-7 所示。

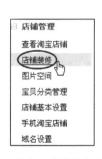

图 6-6　单击"店铺装修"链接　　　　图 6-7　打开"店铺装修"页面

03　将光标移至"装修"选项卡上，在弹出的下拉菜单中单击"模板管理"选项，如图 6-8 所示。

图 6-8　单击"模板管理"选项

04 单击左侧的"系统模板"选项，如图6-9所示。

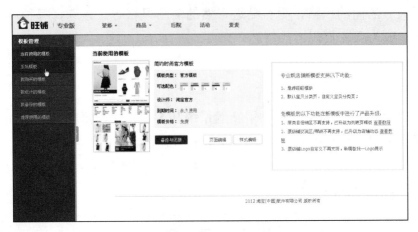

图6-9　单击"系统模板"选项

05 打开的页面中显示了三款新系统模板，如图6-10所示。

06 单击"老系统模板"按钮，显示两款老系统模板，如图6-11所示。

图6-10　新系统模板　　　　　　　　　图6-11　老系统模板

07 根据需要，选择一个模板。这里我们选择新系统模板中的第二个模板，单击鼠标，弹出对话框，单击"应用"按钮，如图6-12所示。

08 在弹出的对话框中单击"直接应用"按钮，如图6-13所示。

09 此时的店铺即切换为选择的模板，如图6-14所示。

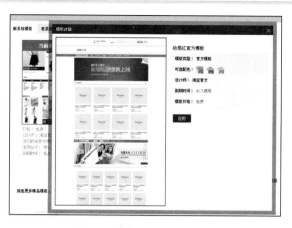

图 6-12　单击"应用"按钮

图 6-13　单击"直接应用"按钮

图 6-14　切换模板后的店铺

6.3.2 选择样式配色

不同模板下的样式配色也不同，下面基于上一小节所选择的模板来学习样式配色的选择。

01 进入"店铺装修"页面，在"装修"选项卡的下拉菜单中选择"样式管理"选项，如图 6-15 所示。

02 进入样式配色选择页面，这里提供了三种配色，选择合适的配色，如图 6-16 所示。

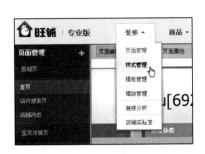

图 6-15 选择"样式管理"选项

图 6-16 风格样式

03 单击鼠标即可在下方预览改变配色的效果，单击"保存"按钮，如图 6-17 所示。

图 6-17 单击"保存"按钮

04 单击页面右上角的"发布"按钮，查看改变配色后的店铺效果，如

图 6-18 所示。

图 6-18　店铺效果

6.4 布局管理

　　网店的布局是指对网店的陈设进行布置，以达到较好的视觉效果。合理的布局往往能吸引买家的目光，提高其购买欲，从而带来更多收益。

6.4.1 布局的重要性

　　网店装修最重要的一点就是布局，混乱不堪的布局不仅影响美观，导致网页加载的速度慢，还在很大程度上降低了顾客的购买兴趣。因此，网店布局是一个不容忽视的问题，合理清晰的布局类似于店铺的门面，不仅能全方位地展现店铺的风格特性，还能营造一个良好的购物环境，增加顾客对店铺的印象。

　　下面来欣赏几款不同布局的淘宝店铺，如图 6-19 所示。

图 6-19　不同布局的淘宝店铺

6.4.2　添加单元与模块

虽然淘宝店铺中每个模块的布局是已经设定好的，但是用户还可以根据需要进行调整，以达到满意的效果。

01　在"卖家中心"页面中单击"查看淘宝店铺"链接，如图 6-20 所示。

02　在打开的"我的店铺"页面中可以查看当前店铺的布局，如图 6-21

所示。

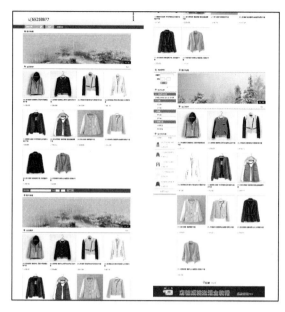

图 6-20　单击链接

图 6-21　当前布局

03　进入"店铺装修"页面，单击"布局管理"按钮，如图 6-22 所示。

04　进入"布局管理"界面，此时的店铺布局结构如图 6-23 所示。

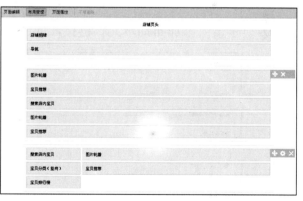

图 6-22　单击"布局管理"按钮

图 6-23　店铺布局结构

05　选择任意模块，上下拖动可调整模块的位置，如图 6-24 所示。

06　单击模块右侧的 ⊠，如图 6-25 所示，可以删除当前选择的栏目。

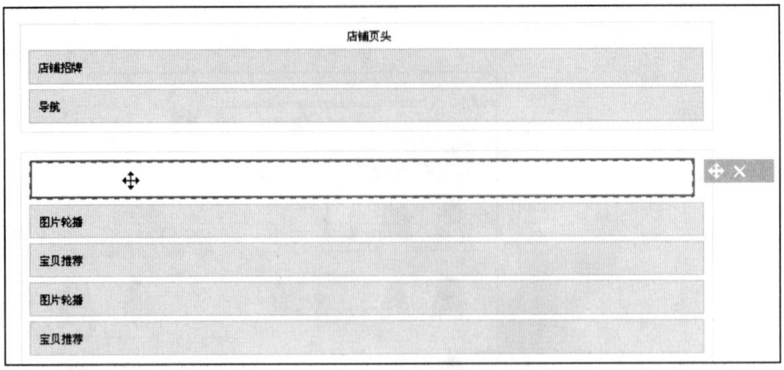

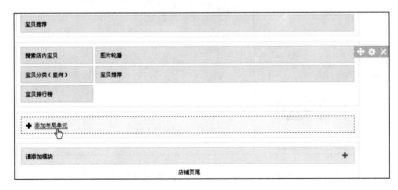

图 6-24　改变模块位置

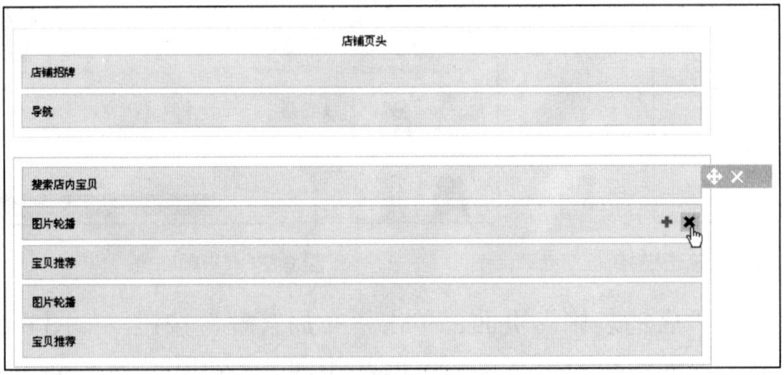

图 6-25　删除选择栏目

07　单击"添加布局单元"链接，如图 6-26 所示。

图 6-26　单击"添加布局单元"链接

08　弹出"布局管理"对话框，根据需要的像素选择单元，如图 6-27 所示。

图 6-27　添加单元

09　单击即可添加布局单元，在其右侧单击██按钮，如图 6-28 所示。

图 6-28　单击 "+" 按钮

10　弹出 "模块管理" 对话框，选择需要添加的模块，单击右侧的 "添加" 按钮，如图 6-29 所示。

图 6-29　单击 "添加" 按钮

提示：在选择不同区域的模块时，单击右侧的 ■ 按钮，弹出的模块管理中的模块各不相同。

11　单击按钮后，即可在店铺中添加该模块，如图 6-30 所示。

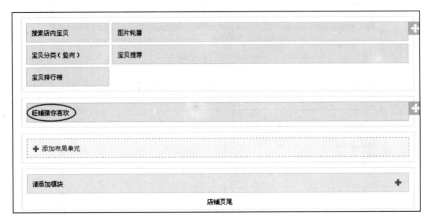

图 6-30　添加模块

12　单击"保存"按钮，在店铺中查看添加该模块后的效果，如图 6-31所示。

图 6-31　添加模块后的效果

6.5　新建自定义页面

系统默认的页面有首页、店内搜索页、店铺动态页、宝贝详情页、宝贝分类页等，除了这些页面外，用户还可以自定义页面。

01　进入"店铺装修"页面，在左侧的"页面管理"中单击 按钮，如图 6-32 所示。

02　在新建页面中，选择页面类型，如图 6-33 所示。

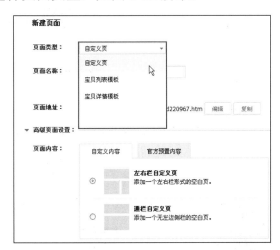

图 6-32　单击 按钮　　　　　　　　　图 6-33　选择页面类型

03　输入页面名称，在页面地址右侧单击"编辑"按钮，如图 6-34 所示。

04　修改地址后单击"确认"按钮，如图 6-35 所示。

图 6-34　单击"编辑"按钮　　　　　　　图 6-35　单击"确认"按钮

05　在"自定义内容"下选中"通栏自定义页"单选按钮，如图 6-36 所示。

图 6-36　单击单选按钮

06　单击"保存"按钮,进入新建的"五周年活动"页面,如图 6-37 所示。

图 6-37　"五周年活动"页面

07　最后对页面进行常规编辑即可完成一个页面的制作。

第 7 章

旺铺精装修

网店装修是对淘宝网店一个外观上的审美，是吸引人眼球的第一感，客户会通过装修第一时间了解你店铺的讯息，一个好的网店装修不仅起到一个美观的作用，还能让顾客记忆深刻，营造良好购物环境的同时起到宣传店铺的作用。

7.1　店铺招牌

网店的店招是虚拟店铺的招牌，它是店铺的文化、特色体现之处，出现在店铺中每个商品页面的最上方，其重要性自然不言而喻。

7.1.1　店招设计

店招设计是网店装修的第一步。淘宝网店招有其大小要求，要求为950×120 像素，卖家为了吸引买家，需要合理有效地利用这个区域，将店招设计得具有吸引性和独特性。

一个好的店招还可以第一时间提供给我们顾客很多方便，在店招中加入店铺收藏、店铺分享等信息，可以让顾客一目了然地找到收藏分享我们的位置。还可以加入购物车等基本按钮的指引，或者有店内活动公告，宝贝打折、促销等种种相关消息提示。如图 7-1 所示为几款不同的店招设计。

图 7-1　几款不同的店招设计

7.1.2　店招制作

对店招进行一些设计构思后就要付诸实际制作了。下面将学习在 Photoshop 中制作店招，如图 7-2 所示为效果图。

图 7-2　效果图

01　启动 Photoshop 软件，执行"文件"|"新建"命令，弹出对话框，设置宽度参数为 950 像素，高度参数为 120 像素，如图 7-3 所示。

02　单击"确定"按钮，新建空白文档，如图 7-4 所示。

图 7-3　"新建"对话框

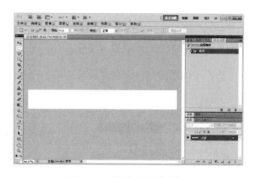

图 7-4　新建空白文档

03　按 Ctrl+A 快捷键全选文档，然后选择"矩形选框"工具，在舞台中单击鼠标右键，执行"描边"命令，如图 7-5 所示。

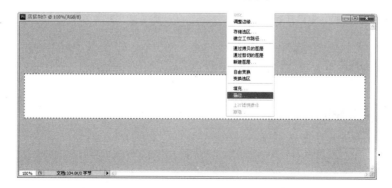

图 7-5　执行"描边"命令

04 在弹出的对话框中设置描边"宽度"为 5 像素，然后单击"颜色"后的色块，如图 7-6 所示。

05 在弹出的"选取描边颜色"对话框中设置一种颜色，这里设置的是青色(# 25b3c9)，如图 7-7 所示。

图 7-6　单击色块

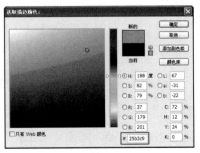

图 7-7　设置颜色

06 单击"确定"按钮，回到"描边"对话框中，在位置选项下选中"内部"单选按钮，如图 7-8 所示。

07 单击"确定"按钮。按 Ctrl+D 快捷键结束选区，此时的图像效果如图 7-9 所示。

图 7-8　选中"内部"单选按钮

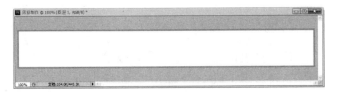

图 7-9　图像效果

08 在工具箱中选择"多边形套索"工具，如图 7-10 所示。

09 在图像上单击鼠标，创建路径，如图 7-11 所示。

图 7-10　选择"多边形套索"工具

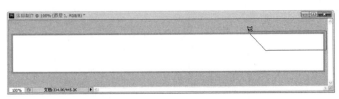

图 7-11　创建路径

10　闭合路径后生成选区。在"图层"面板中新建图层，设置前景色为青色(# 25b3c9)，按 Alt+Delete 快捷键填充前景色，如图 7-12 所示。

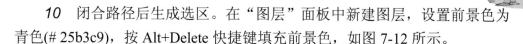

图 7-12　填充前景色

11　在工具箱中选择"圆角矩形"工具，如图 7-13 所示。

12　在工具选项栏中设置半径为 20px，如图 7-14 所示。

图 7-13　选择"圆角矩形"工具　　　　图 7-14　设置半径

13　在舞台中绘制一个圆角矩形，如图 7-15 所示。

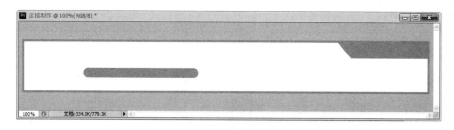

图 7-15　绘制圆角矩形

14　按 Ctrl+J 快捷键快速复制图层。在图层面板中选择下一个图层，双击图层缩览图，如图 7-16 所示。

15　在弹出的对话框中选择白色，单击"确定"按钮，如图 7-17 所示。

16　按方向键盘上的键，将图像向下微移。在"图层"面板中单击"添加图层样式"按钮，在弹出的菜单中选择"投影"选项，如图 7-18 所示。

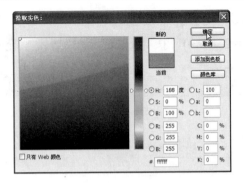

图 7-16　双击图层缩览图　　　　　　　图 7-17　单击"确定"按钮

17　弹出"图层样式"对话框，设置投影参数，如图 7-19 所示。

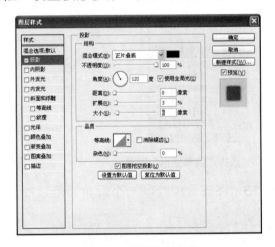

图 7-18　选择"投影"选项　　　　　　图 7-19　设置投影参数

18　单击"确定"按钮。此时的图像效果如图 7-20 所示。

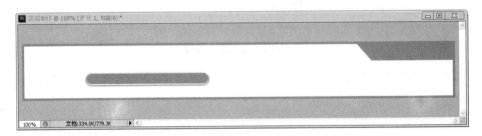

图 7-20　图像效果

19　使用"圆角矩形"工具，在工具选项栏中设置半径为 5px，在舞台

中绘制圆角矩形，如图 7-21 所示。

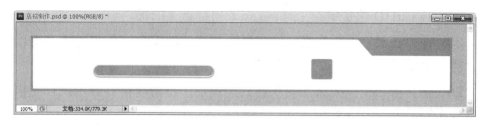

图 7-21　绘制圆角矩形

20　按住 Alt 键，单击鼠标，拖动圆角矩形到新的位置，即可快速将其复制，复制三个，如图 7-22 所示。

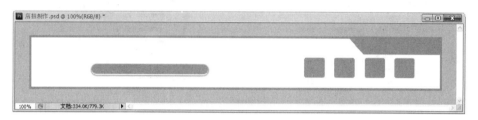

图 7-22　复制矩形

21　在"图层"面板中，按住 Shift 键选择四个矩形所在图层，执行"图层"|"对齐"|"顶边"命令，如图 7-23 所示。

22　在四个图层选中的状态下，在图层面板中单击鼠标右键，执行"合并图层"命令，如图 7-24 所示。

图 7-23　执行命令

图 7-24　执行"合并图层"命令

23　按 Ctrl+J 快捷键快速复制图层，按住 Ctrl 键的同时，单击下一图层

缩览图，将图层图像载入选区，填充白色。

24 按 Ctrl+D 快捷键结束选区。按方向键盘上的键，向右下方移动图像。

25 在"图层"面板中选择添加了图层样式的图层，单击鼠标右键，执行"拷贝图层样式"命令，如图 7-25 所示。

26 选择第二个需要添加图层样式的图层，单击鼠标右键，执行"粘贴图层样式"命令，如图 7-26 所示。

图 7-25　执行"拷贝图层样式"命令　　图 7-26　执行"粘贴图层样式"命令

27 此时的图像效果如图 7-27 所示。

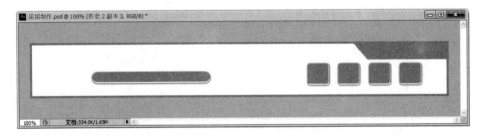

图 7-27　图像效果

28 在工具箱中选择"自定形状"工具，如图 7-28 所示。

29 在形状下单击三角按钮，如图 7-29 所示。

30 在弹出菜单中选择"形状"选项，如图 7-30 所示。

31 在弹出的对话框中单击"追加"按钮，如图 7-31 所示。

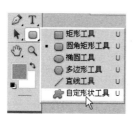

图 7-28　选择"自定形状"工具

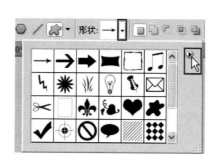

图 7-29　单击三角按钮

图 7-30　选择"形状"选项

图 7-31　单击"追加"按钮

32　按住 Shift 键，在舞台中绘制五角星，如图 7-32 所示。

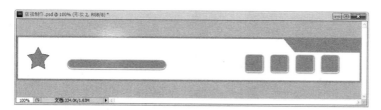

图 7-32　绘制五角星

33　在五角星中心再绘制一个白色的五角星，如图 7-33 所示。

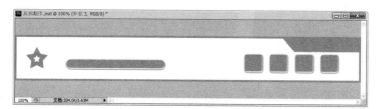

图 7-33　绘制五角星

34 按 Ctrl+J 快捷键快速复制一个白色的五角星，在图层面板中调整图层顺序后，按 Ctrl+T 快捷键拖大图形，如图 7-34 所示。

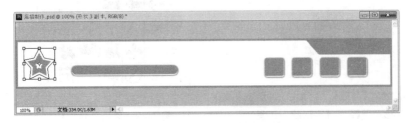

图 7-34　拖大图形

35 在图层面板中双击该图层，弹出"图层样式"对话框，选中"斜面和浮雕"复选框，设置参数，如图 7-35 所示。

36 单击"确定"按钮，此时的图像效果如图 7-36 所示。

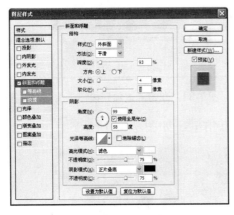

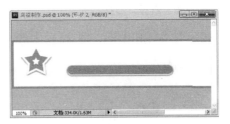

图 7-35　设置参数　　　　　　　　图 7-36　图像效果

37 再次选择"自定形状"工具，在工具选项栏中选择形状，如图 7-37 所示。

38 在舞台中绘制形状。按 Ctrl+T 快捷键显示变形定界框，单击鼠标右键，执行"变形"命令，如图 7-38 所示。

39 对图形进行变形，按 Enter 键确定变形后，移动到合适的位置，效果如图 7-39 所示。

40 根据前面的操作方法，制作该图形的投影效果，如图 7-40 所示。

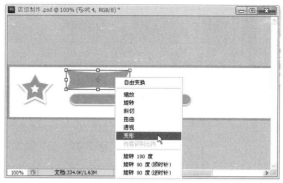

图 7-37　选择形状

图 7-38　执行"变形"命令

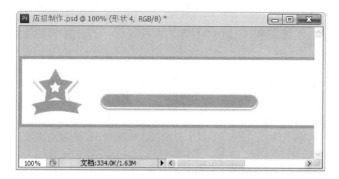

图 7-39　效果

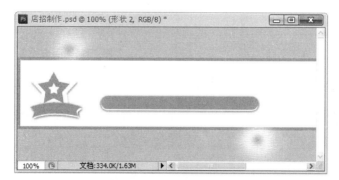

图 7-40　制作投影效果

41　选择"文本"工具，在舞台中多处输入文本，如图 7-41 所示。

42　选择"WELCOME"字段，在工具选项栏中单击"变形文字"按钮，如图 7-42 所示。

图 7-41　输入文本

图 7-42　单击"变形文字"按钮

43　在弹出的对话框中选择样式为"扇形"并拖动"弯曲"滑块，如图 7-43 所示。

44　预览文本互动合适时，单击"确定"按钮，图像效果如图 7-44 所示。

图 7-43　拖动滑块

图 7-44　图像效果

45　选择"自定形状"工具，在舞台中绘制不同的形状，如图 7-45 所示。

图 7-45　绘制形状

46 选择"文本"工具输入文本，完成店招的制作，效果如图 7-46 所示。

图 7-46 效果

47 执行"文件"|"存储为"命令，将文档存储为.jpg 格式的文件。

7.1.3 热点与链接

上一小节中我们在店招中加入了收藏店铺的内容，本节将为该区域添加热点及链接，以实现买家单击该区域调整到店铺收藏的页面。

01 登录卖家中心，单击左侧栏中的"图片空间"链接，如图 7-47 所示。

02 打开"图片空间"页面，单击"图片上传"命令，如图 7-48 所示。

图 7-47 单击链接

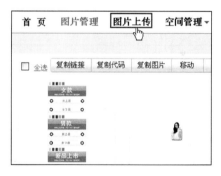

图 7-48 单击"图片上传"命令

03 在打开的页面中单击"添加图片"按钮，如图 7-49 所示。

04 在弹出的对话框中选择上一小节中制作的店招图片，然后单击"打开"按钮，如图 7-50 所示。

05 添加图片后单击"立即上传"按钮，如图 7-51 所示。

06 上传成功后，弹出提示信息，单击"查看"按钮，如图 7-52 所示。

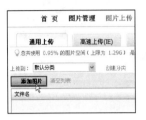

图 7-49　单击"添加图片"按钮

图 7-50　单击"打开"按钮

图 7-51　单击"立即上传"按钮

图 7-52　单击"查看"按钮

07　在上传的图片下方单击"复制：链接"链接，如图 7-53 所示。

08　启动 Dreamweaver 软件，在新建下单击 HTML 选项，如图 7-54 所示。

图 7-53　单击链接

图 7-54　单击 HTML 选项

09　执行"插入"|"图像"命令，如图 7-55 所示。

10　弹出对话框，在 URL 中单击鼠标右键，执行"粘贴"命令，粘贴图片空间中的图片链接，如图 7-56 所示。

图 7-55　执行命令

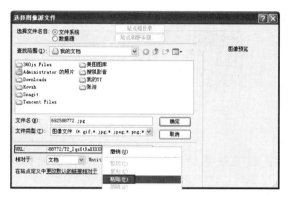

图 7-56　粘贴

11　单击"确定"按钮。在弹出的对话框中再次单击"确定"按钮，如图 7-57 所示。

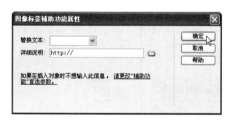

图 7-57　单击"确定"按钮

12　在"属性"面板中单击"多边形热点工具"按钮，如图 7-58 所示。

图 7-58　单击按钮

13　在图像上单击鼠标，绘制热点区域，如图 7-59 所示。

14　在"属性"面板中单击"指针热点工具"按钮，选择热点区域，在"属性"面板的"链接"文本框中添加链接网址，如图 7-60 所示。

图 7-59　绘制热点区域

图 7-60　添加链接网址

提示：这里设置的链接地址是网店收藏的链接地址。

15　在左侧的代码中选择中间区域的代码，如图 7-61 所示。

16　单击鼠标右键，执行"拷贝"命令，如图 7-62 所示，拷贝链接。

图 7-61　选择代码

图 7-62　执行"拷贝"命令

提示：上图代码中选中的区域即为后面店铺装修所需的代码。

17　执行"文件"|"保存"命令，弹出"另存为"对话框，设置文件名后单击"保存"按钮，如图 7-63 所示。

18　将其保存为.html 格式的文件，以便后面店铺装修使用。

图 7-63　单击"保存"按钮

7.1.4　店招上传

装修店招的最后一步就是上传到店铺中了，如图 7-64 所示为上传店招后的效果。店招上传的方法很简单，下面我们来学习店招的上传。

图 7-64　上传店招后的效果

01　登录淘宝，进入"卖家中心"，单击"店铺装修"链接，如图 7-65

所示。

02 打开"店铺装修"页面，默认的店招如图 7-66 所示。

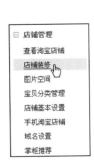

图 7-65　单击链接

图 7-66　默认店招

03 将光标移至店招模块上，单击店招右上角的"编辑"按钮，如图 7-67 所示。

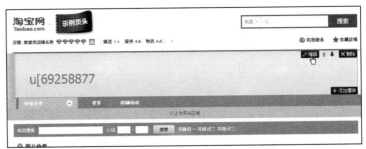

图 7-67　单击"编辑"按钮

04 在打开的对话框中单击"自定义招牌"单选按钮，如图 7-68 所示。

图 7-68　单击"自定义招牌"单选按钮

05　单击"源码"按钮，如图 7-69 所示。

图 7-69　单击"源码"按钮

06　在"源码"的文本框中单击鼠标右键，执行"粘贴"命令，如图 7-70 所示。

07　粘贴前一小节中拷贝的代码后，再次单击"源码"按钮，如图 7-71 所示。

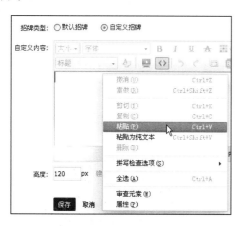

图 7-70　执行"粘贴"命令　　　　**图 7-71　单击"源码"按钮**

08　预览店招的效果，单击"保存"按钮，如图 7-72 所示。

09　保存后可见在店招外的页头背景有些多余，如图 7-73 所示，下面将页头背景取消。

10　在"装修"下单击"样式管理"选项，如图 7-74 所示。

11　在左侧栏中的样式编辑下单击"背景设置"选项，如图 7-75 所示。

图 7-72　单击"保存"按钮

图 7-73　保存后

图 7-74　单击"样式管理"选项

图 7-75　单击"背景设置"选项

12　在页头背景图后单击"删除"按钮，如图 7-76 所示。

13　单击"保存"按钮保存设置。在"装修"下单击"页面管理"选项，单击右上角的"预览"按钮预览效果，如图 7-77 所示。

图 7-76　单击"删除"按钮

图 7-77　预览效果

14　效果满意后，单击右上角的"发布"按钮，这样就完成了店招的上传和发布。

提示：在上传店招的"收藏店铺"区域单击鼠标可弹出店铺收藏的页面。

7.2　店铺宝贝分类

为方便买家查找店铺内的商品，淘宝卖家一般会将店铺的宝贝进行分类设置。而对分类的导航进行设计装修，也是店铺装修的重要一步。

7.2.1 宝贝分类设计

我们知道，在店铺装修中，默认的宝贝分类是比较普通简便的，虽然也能很好地帮助买家查找宝贝，但是却并不一定适合店铺的整体装修风格，或者很多卖家为突出特色，需要将宝贝分类设计得与众不同。

设计宝贝分类图，关键在于顾客是否能第一时间快速地通过该分类找到自己所需的商品。其次，好的宝贝设计图不仅能赢得顾客的好感，还能为店铺的整体打个高分。

宝贝分类导航位于店铺中的左侧，左侧模块的宽度像素为 190 像素，设计时也应限制其宽度像素为 190px，高度像素则可自定。

下面先来看看默认的宝贝分类图与经过设计制作的宝贝分类图，如图 7-78 所示。

图 7-78 默认导航与设计导航

7.2.2 宝贝分类制作

通过上面的比较，是否觉得后者更能夺取顾客眼球呢？那下面我们将学习宝贝分类图的制作，如图 7-79 所示为最终效果图。

图 7-79　最终效果图

01　按 Ctrl+N 快捷键，弹出"新建"对话框，设置宽度与高度的像素分别为 190，400，如图 7-80 所示。

02　单击"确定"按钮。执行"视图"|"标尺"命令，如图 7-81 所示，打开标尺。

图 7-80　设置参数

图 7-81　执行"标尺"命令

03　拖出三个水平参考线，如图 7-82 所示。

04　新建图层，选择矩形选框工具，在舞台中绘制矩形，并填充颜色，然后单击鼠标右键，执行"描边"命令，如图 7-83 所示。

图 7-82　水平线

图 7-83　执行"描边"命令

05　弹出"描边"对话框，设置参数，如图 7-84 所示，单击"确定"按钮。

06　使用矩形选框工具选择选区，然后填充颜色如图 7-85 所示。

图 7-84　设置参数

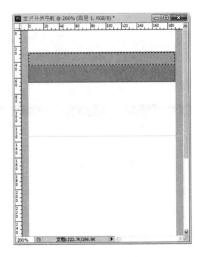

图 7-85　填充颜色

07　按 Ctrl+D 快捷键结束选区。选择图像，按住 Alt 键拖动鼠标，快速复制两个图形，如图 7-86 所示。

08　新建图层，使用矩形选框工具绘制矩形选区，并填充颜色，如图 7-87 所示。

图 7-86　复制

图 7-87　填充颜色

09　选择图像，按住 Alt 键，拖动鼠标快速复制图形，如图 7-88 所示。

10　在工具箱中选择"圆角矩形"工具，在舞台中绘制圆角矩形，如图 7-89 所示。

图 7-88　复制图形

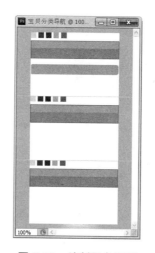

图 7-89　绘制圆角矩形

11　按住 Ctrl 键，在图层面板中单击图层缩览图，将图层图像载入选区，单击鼠标右键，执行"描边"命令，如图 7-90 所示。

12　在弹出的对话框中设置参数与颜色，如图 7-91 所示。单击"确定"按钮。

图 7-90 执行"描边"命令

图 7-91 设置参数与颜色

13 设置前景色为白色，背景色为灰色。选择"渐变"工具，如图 7-92 所示。

14 在工具选项栏中单击渐变颜色为前景色到背景色，如图 7-93 所示。

图 7-92 选择"渐变"工具

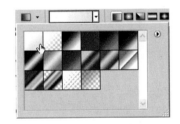

图 7-93 单击

15 按住 Shift 键，在选区内拖动鼠标，填充渐变，如图 7-94 所示。

16 按 Ctrl+D 快捷键取消选区，此时的图像效果如图 7-95 所示。

17 选择图像，按住 Alt 键拖动并复制多个图形，如图 7-96 所示。

18 选择"自定形状"工具，在工具选项栏中选择形状，如图 7-97 所示。

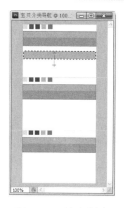

图 7-94　填充渐变

图 7-95　图像效果

图 7-96　复制多个图形

图 7-97　选择形状

19　新建图层，绘制图形，如图 7-98 所示。

20　选择文本工具，在舞台中输入文本，如图 7-99 所示。

图 7-98　绘制图形

图 7-99　输入文本

21 执行"视图"|"清除参考线"命令，将参考线清除即可完成宝贝图制作。

7.2.3　图片切片

在上一节中制作的宝贝分类图为整张图片，且不能单独为每个分类添加超链接。本小节将学习对图片进行切片，方便后面上传时为每个分类添加链接。

01 在工具箱中选择"切片"工具，如图 7-100 所示。

02 在图像中对图片进行切片，如图 7-101 所示。

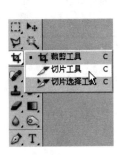

图 7-100　选择"切片"工具

图 7-101　切片

03 执行"文件"|"存储为 Web 和设备所用格式"命令，如图 7-102 所示。

04 在弹出的对话框中单击"存储"按钮，如图 7-103 所示。

图 7-102　执行命令

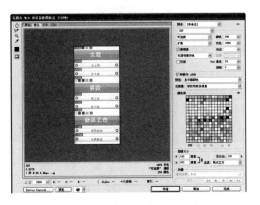

图 7-103　单击"存储"按钮

05　弹出对话框，选择存储路径，设置格式为"HTML 和图像"，单击"保存"按钮，如图 7-104 所示。

06　在弹出的对话框中单击"确定"按钮，如图 7-105 所示。

图 7-104　单击"保存"按钮　　　　图 7-105　单击"确定"按钮

7.2.4　宝贝分类上传

下面来学习宝贝分类图的上传。

01　打开上一小节中切片所存储的路径，如图 7-106 所示。

02　将 image 文件夹中的所有图片上传到淘宝图片空间。

03　进入"店铺装修"页面，在左侧模块中选择任意模块，单击下方的"添加模块"按钮，如图 7-107 所示。

图 7-106　存储路径　　　　　图 7-107　单击"添加模块"按钮

04 在"自定义内容区"后单击"添加"按钮，如图 7-108 所示。

05 添加该模块后，单击模块上的"编辑"图标，如图 7-109 所示。

图 7-108 单击"添加"按钮　　　　　　**图 7-109 单击"编辑"图标**

06 在打开的对话框中单击"插入图片空间图片"按钮，如图 7-110 所示。

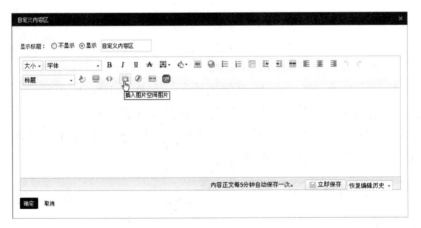

图 7-110 单击"插入图片空间图片"按钮

07 在打开的扩展区域中，选择图片后单击"插入"按钮，如图 7-111 所示。

08 插入图片后，选择图片，单击"编辑"按钮，如图 7-112 所示。

09 弹出对话框，在"链接网址"文本框中粘贴复制的地址链接，单击"确定"按钮，如图 7-113 所示，

图 7-111 单击"插入"按钮

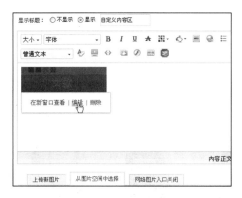

图 7-112 单击"编辑"按钮

图 7-113 粘贴地址链接

10 用同样的方法,依次添加其他分类图并设置地址链接,如图 7-114 所示。

图 7-114 添加其他分类图

11 在显示标题的文本框中输入标题，如图 7-115 所示，单击"确定"按钮。

图 7-115　输入标题

12 选择原宝贝分类模块，单击"删除"按钮，将其删除，如图 7-116 所示。

13 单击"发布"按钮，查看上传分类图后的效果，如图 7-117 所示。

图 7-116　删除

图 7-117　效果

7.3　宝　贝　描　述

由于在网上购物买家们看不到实际宝贝，所以对商品做到详尽而又有吸引力的描述就至关重要。优秀的宝贝描述，能将产品的卖点最大化地展示，从而提高转化率。本节将学习宝贝描述的设计、制作与装修。

7.3.1　宝贝描述的组成

好的宝贝描述由唯美的图片、简洁的介绍组成，带给顾客 360 度华丽的购物体验。

　　以服装类商品为例，宝贝描述一般除了商品特色图、模特实拍图、细节实拍图等，还需要对以下内容进行介绍，包括材质介绍、尺寸选购建议、售后服务保障、尺码介绍、颜色介绍、真假鉴别方法、品牌介绍、洗涤保养建议、购物须知、物流介绍、配件或赠品等。如图 7-118 所示为某品牌的部分宝贝描述。

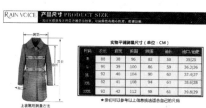

图 7-118　宝贝描述

7.3.2　宝贝描述设计

买家搜索自己想买的东西，进入宝贝详情页，然后才有可能进入店铺首页或其他商品页，所以，宝贝详情页是曝光率最高的，每个卖家都要十分重视详情页的优化。

宝贝描述设计一般按模块整体设计，以统一风格，小版块则分区进行设计，使版面看起来既协调，又有一定的规划布局。

下面是总结的一些宝贝描述设计要领。

- 简洁的宝贝描述：客户进店买东西，吸引他的往往是图片而不是文字。有时候可能因为你的一大堆花花绿绿的文字，或者类似于"本店谢绝还价，请斤斤计较者绕行"等多余文字添加，在不知不觉中降低了店铺的档次，也赶走了不知道多少的潜在客户。

- 商品主体明确：为了让买家注意力集中在此款宝贝上，不宜添加过多的广告和新品推荐。

- 产品细节描述的真实性：网络交易摸不着、看不到，所以描述的真实性就十分重要，产品的描述一定要符合实际情况，不可以弄虚作假。若只看重眼前利益，对商品信息进行夸大隐瞒，则会对店铺的信用造成不可估量的损失。

- 宝贝特色的突出：体现单品的卖点，吸引买家眼球。

- 方便买家的信息：添加产品详情+尺寸表以及不同身高体重的人穿着使用的推荐尺码，可以为买家提供方便。

- 促销信息：以促销信息吸引买家。

- 实物平铺图：把衣服的颜色种类展示出来，通过文字描述指引买家联想，不同的颜色代表什么性格或者展示什么风格。

- 产品细节图：帽子或者袖子、拉链、吊牌位置、纽扣等细节的展示，能让买家看清细节，更加放心购买该商品。

- 模特图展示：至少一张正面、一张反面、一张侧面，展示不同的动作。让买家全方位地了解服装的上身效果。

- 添加购物须知：邮费、发货、退换货、衣服洗涤保养、售后问题等信息的添加可以方便买家自主购物，节省咨询客服的时间，也省去了客服重复回答相同问题的时间。

- 品牌文化简介：让买家觉得品牌质量可靠，容易得到认可。

总之，宝贝描述模板的设计理念就是：简练、美观、详细。

7.3.3　宝贝特色图制作

在宝贝详情页中，宝贝特色图制作较其他内容制作麻烦，下面以宝贝特色图为例，讲解宝贝描述模板的制作。由于在淘宝店铺中的宝贝描述位于右侧，则宽度大小应以不超过 750 像素为准，高度根据需要自定。

宝贝特色是展示宝贝的特色细节，如图 7-119 所示为制作的效果图。

图 7-119　制作完成的特色描述

01　打开一张需要进行特色描述的宝贝图，如图 7-120 所示。

02　在工具箱中选择"裁剪工具"，向左侧和右侧分别拖动鼠标，扩展画布，如图 7-121 所示。

03　按 Enter 键确认变形，选择"矩形选框工具"在图像左侧拖动一个矩形框，如图 7-122 所示。

图 7-120　打开宝贝图

图 7-121　拖大画布

图 7-122　拖动矩形框

04　按 Ctrl+J 快捷键快速复制选区的内容，按 Ctrl+T 快捷键拖动图像的大小，如图 7-123 所示。

05　按 Enter 键确认变形。用同样的方法，在图像右侧创建选区并拖大图形，如图 7-124 所示。

06　按 Enter 键确认变形。在工具箱中选择"圆角矩形"工具，在舞台中绘制矩形，如图 7-125 所示。

07　按 Ctrl+O 快捷键打开细节图，将其拖动到宝贝特色图文档中，如

图 7-126 所示。

图 7-123　调整大小

图 7-124　拖大图形

图 7-125　建立选区

图 7-126　添加细节图

08　执行"图层"|"创建剪贴蒙版"命令，创建剪贴蒙版，如图 7-127 所示。

09　按 Ctrl+T 快捷键缩小剪贴蒙版图像，如图 7-128 所示。

10　用同样的方法制作如图 7-129 所示的效果。

图 7-127 创建剪贴蒙版

图 7-128 缩小图像

11 新建图层，选择"直线"工具，在舞台中绘制多条直线，如图 7-130 所示。

图 7-129 制作效果

图 7-130 绘制线段

12 使用文本工具在舞台中输入文本，如图 7-131 所示。

图 7-131　输入文本

7.3.4　宝贝描述上传

宝贝描述模块制作完成后就可以将其装修到店铺中了。

01　在"发布宝贝"页面中，找到"宝贝描述"一栏，如图 7-132 所示。

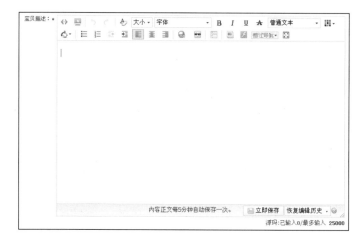

图 7-132　宝贝描述

02　单击"插入图片"图标插入图片，如图 7-133 所示。

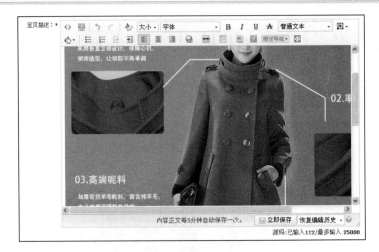

图 7-133　插入图片

03　单击"发布"按钮即可在发布宝贝的同时将宝贝描述装修到宝贝详情页面中。

7.4　店铺背景

我们在浏览其他淘宝店铺时，经常会羡慕其漂亮的背景，而自己的店铺却是空白。系统默认的店铺中是没有设置背景的，这就需要我们在装修店铺时加入背景。

7.4.1　平铺式背景制作

在浏览店铺时，店铺的高度是随店铺模块的高度而改变的，因此并不能确定其具体高度，那全屏背景要如何制作呢？其实是利用图片的平铺循序而成的，下面来学习制作平铺式背景。

01　登录卖家中心，单击左侧栏中的"店铺装修"链接，如图 7-134 所示。

02　进入店铺装修页面，单击页面右下角的"店铺装修模板"链接，如图 7-135 所示。

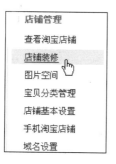

图 7-134 单击"店铺装修"链接

图 7-135 单击链接

03 选择一个合适的模板，单击鼠标，在打开的页面中单击"马上试用"按钮，如图 7-136 所示。

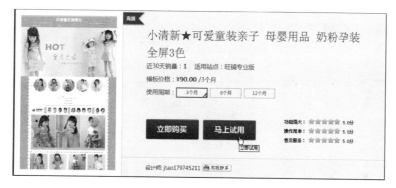

图 7-136 单击"马上试用"按钮

04 弹出"提醒"对话框，单击"确定试用"按钮，如图 7-137 所示。

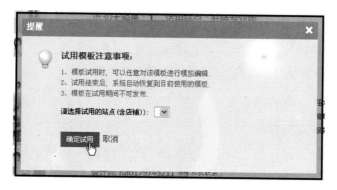

图 7-137 单击"确定试用"按钮

05 进入试用页面，单击页面右上方的"预览"按钮，进入预览页面。

06 在最大化网页的情况下，使用截图工具截取页面中包含背景的部分区域，如图 7-138 所示。

图 7-138 截图

> 提示：由于背景中的花纹是循环重复的，所以在截图时只需截取完整的花纹即可。

07 进入 Photoshop 软件，打开截取的图片，使用"矩形选框"工具，将中间非背景部分删除后保存图片，效果如图 7-139 所示。

图 7-139 效果

> 提示：中间非背景区域还可以填充其他颜色，应用到店铺中的效果也会不同。

7.4.2 背景上传

下面学习背景的上传。

01 进入"店铺装修"页面，在"装修"的下拉菜单中选择"样式管理"选项，如图 7-140 所示。

02 打开新页面，在左侧栏中单击"背景设置"选项，如图 7-141 所示。

03 切换至"背景设置"界面，单击"页面设置"按钮，如图 7-142 所示。

04 单击"更换图片"按钮，如图 7-143 所示。

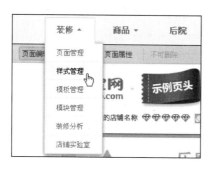

图 7-140 选择"样式管理"选项　　　图 7-141 单击"背景设置"选项

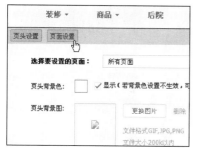

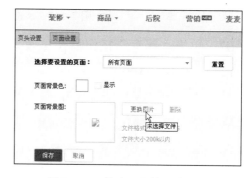

图 7-142 单击"页面设置"按钮　　　图 7-143 单击"更换图片"按钮

05 在弹出的对话框中选择保存的背景图片，然后单击"打开"按钮，如图 7-144 所示。

图 7-144 单击"打开"按钮

06 在"背景对齐"后单击"居中"按钮，如图 7-145 所示。

图 7-145 单击"居中"按钮

07 单击"保存"按钮后预览效果，单击"发布"按钮即可将背景应用到店铺中，如图 7-146 所示。

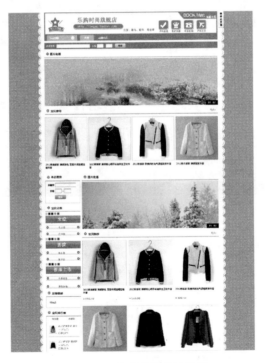

图 7-146 应用背景后的效果

> **提示：** 除了这种长条式居中纵向平铺的背景，用户还可以制作平铺式的方形背景。

7.4.3　固定背景

除了上一小节中的平铺式背景外，还有一种固定背景，是指不随滚动条上下移动的背景，下面来学习固定背景的制作，如图 7-147 所示为最终效果。

图 7-147　最终效果

01　启动 Photoshop，按 Ctrl+N 快捷键打开"新建"对话框，设置宽度为 1920 像素，高度为 1080 像素，如图 7-148 所示。

02　按 Ctrl+O 快捷键打开一张背景图，将其拖入到"固定背景"文档中，如图 7-149 所示。

图 7-148　"新建"对话框

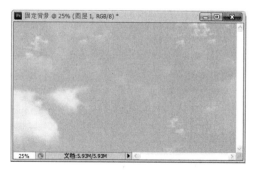

图 7-149　固定背景图

03　选择矩形工具，在选项栏中如图 7-150 所示的图标，并选中"固定大小"单选按钮，设置宽度为 950 像素，高度为 1080 像素。

04 在舞台中绘制矩形,如图 7-151 所示。

图 7-150 单击图标

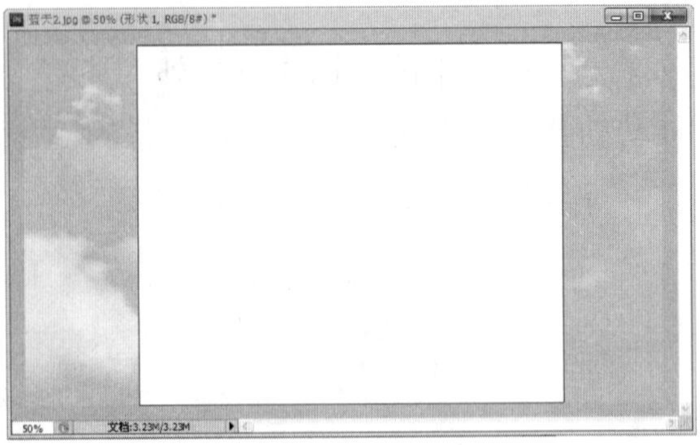

图 7-151 绘制矩形

05 在"图层"面板中选择这两个图层,选择"移动"工具,在选项栏中单击"垂直居中"按钮和"水平居中"按钮,如图 7-152 所示。

图 7-152 单击按钮

提示: 当背景图片在舞台外还有未显示的区域,则可能会导致不能对齐。

06 选择矩形图层,按 Ctrl 键的同时单击图层缩览图,将其载入选区,然后选择背景所在的图层,按 Delete 键删除选区图像,如图 7-153 所示。

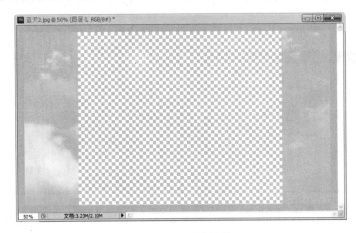

图 7-153 删除图像

07 将矩形图层删除,然后保存为 JPEG 格式文件。

08 将图片上传到图片空间后单击"链接"按钮，复制链接，如图 7-154 所示。

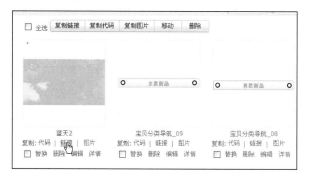

图 7-154 单击"链接"按钮

09 进入"店铺装修"页面，在导航栏模块上单击"编辑"按钮，如图 7-155 所示。

图 7-155 单击"编辑"按钮

10 在打开的对话框中单击"显示设置"按钮，然后在文本区域中输入代码，括号中为图片链接地址，单击"确定"按钮，如图 7-156 所示。

提示：图片中的代码为：body{background:url(图片地址) no-repeat fixed center top transparent;}。其中 no-repeat 为只显示一张图片不重复；center 为居中；fixed 为固定。注意代码间的空格不能删除。

11 然后单击"装修"下的"样式管理"按钮，如图 7-157 所示。

12 单击左侧的"背景设置"按钮，在页面设置中单击"删除"按钮，如图 7-158 所示。

图 7-156　输入代码

图 7-157　单击"样式管理"按钮

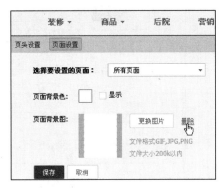

图 7-158　单击"删除"按钮

13　单击"保存"按钮，发布后即可看到固定不变的背景，效果如图 7-159 所示。

> 提示：制作背景图时，可选择宽度为 1440 像素、1680 像素或 1920 像素，由于显示器的大小不同，显示的背景会有出入。

图 7-159　效果

7.5　获取链接地址

在店铺装修设计过程中经常会需要很多店铺内的链接地址，这些链接地址可以在店铺中直接获取，本节将学习如何获取链接地址。

7.5.1　宝贝链接

宝贝的链接是对应宝贝的网址的，下面来学习获取宝贝的链接。

01　进入卖家中心，单击左侧栏中的"查看淘宝店铺"链接，如图 7-160 所示。

02　打开淘宝店铺，打开店内任意一款宝贝，在网页上方的地址栏中即为该宝贝的链接地址，如图 7-161 所示。

03　在地址栏中双击鼠标将其全部选中，单击鼠标右键，执行"复制"命令即可复制链接，如图 7-162 所示。

04　将复制的链接可应用于需要之处。

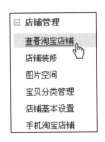

图 7-160　单击链接　　　　　　　　图 7-161　地址栏

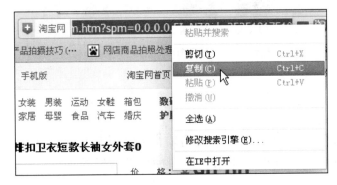

图 7-162　执行"复制"命令

7.5.2　收藏店铺链接

在制作店招及店尾时会用到"收藏店铺"的链接地址，下面来学习如何获取。

01　进入卖家中心，单击左侧栏中的"查看淘宝店铺"链接，如图 7-163 所示。

02　进入我的店铺，在店招上方选择"收藏店铺"图标，单击鼠标右键，执行"属性"命令，如图 7-164 所示。

03　弹出"属性"对话框，选择地址，单击鼠标右键，执行"复制"命令，如图 7-165 所示。

图 7-163　单击链接

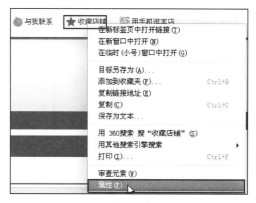

图 7-164　执行"属性"命令

04　在电脑桌面上单击鼠标右键，执行"新建"|"文本文档"命令，如图 7-166 所示。

图 7-165　执行"复制"命令

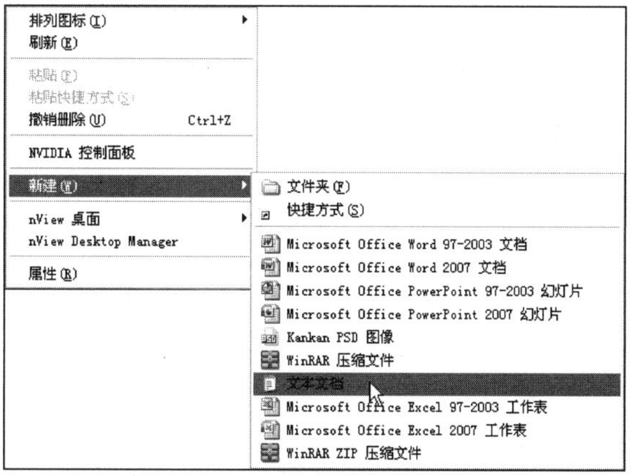

图 7-166　执行命令

05　在新建的文档中单击鼠标右键，执行"粘贴"命令，如图 7-167 所示。

06　然后在链接前输入文本，如图 7-168 所示。

07　执行"文件"|"保存"命令将链接保存下来即可。在需要链接的时候即可随时调用。

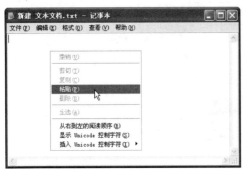

图 7-167 执行"粘贴"命令

图 7-168 输入文本

7.5.3 获取客服链接

本节将学习另外一种客服链接获取的方法。

01 进入阿里巴巴首页，将鼠标放置在右上角的"网站导航"链接上，在弹出的菜单中单击"阿里旺旺"链接，如图 7-169 所示。

02 进入"阿里旺旺"页面，单击"旺遍天下"选项，如图 7-170 所示。

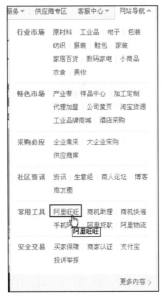

图 7-169 单击"阿里旺旺"链接

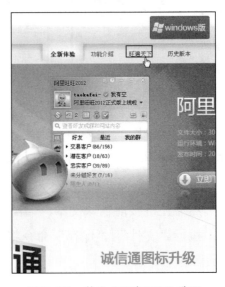

图 7-170 单击"旺遍天下"选项

03 切换至"旺遍天下"界面，如图 7-171 所示。

图 7-171 进入"旺遍天下"界面

04 在步骤 01 中选择旺旺图片风格，这里一共有三种风格供卖家选择，如图 7-172 所示。

图 7-172 选择风格

05 在步骤 02 中填写阿里旺旺名，以及图片提示内容，如图 7-173 所示。

图 7-173 填写信息

06 填写阿里旺旺用户名后，在步骤 03 中单击"生成网页代码"按钮，此时的代码即生成在下面的文本区域中，然后单击"复制代码"按钮，如图 7-174 所示。

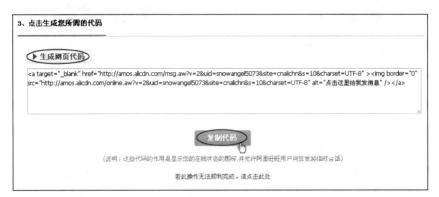

图 7-174 单击"复制代码"按钮

> 提示：若单击按钮复制不成功，则需在文本区域中选中所有代码，按 Ctrl+C 快捷键进行复制。

07 代码复制后，进入第 4 步操作，预览完成效果，如图 7-175 所示。

图 7-175 效果预览

第 8 章

完成商品订单

网店装修好后是不是等来了第一位客人呢？顾客就是上帝，学会与顾客交流，促成订单交易是本章即将学习的知识。

8.1　交易必备阿里旺旺

　　在淘宝网上想要谈买卖，怎能没有阿里旺旺呢？阿里旺旺是淘宝为卖家度身定做的免费网上商务沟通软件，可以帮助用户轻松找客户，发布、管理商业信息，及时把握商机，随时洽谈做生意，简洁方便。

8.1.1　下载与安装阿里旺旺

　　下面学习如何下载并安装阿里旺旺。

　　01　进入淘宝网首页，将光标放置在页面右上角的"网站导航"菜单上，在弹出的下拉菜单中单击"阿里旺旺"链接，如图 8-1 所示。

图 8-1　单击"阿里旺旺"链接

　　02　进入阿里旺旺页面，选择"卖家版入口"，如图 8-2 所示。

图 8-2　选择"卖家版入口"

03　进入"阿里旺旺卖家版"页面，单击"立即下载"按钮，如图 8-3 所示。

图 8-3　单击"立即下载"按钮

04　弹出新建下载任务对话框，单击"下载"按钮，如图 8-4 所示。

图 8-4　单击"下载"按钮

05　等待下载完成，在下载路径中找到该文件，如图 8-5 所示。

06　双击该文件，打开安装程序，单击"下一步"按钮，如图 8-6 所示。

 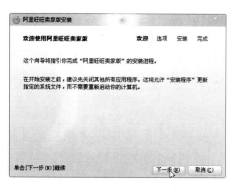

图 8-5　下载文件　　　　　　　　图 8-6　单击"下一步"按钮

07 阅读许可协议，然后单击"下一步"按钮，如图 8-7 所示。

08 单击"浏览"按钮，选择目标文件夹，如图 8-8 所示。

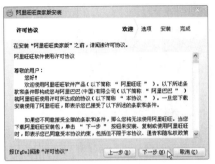

图 8-7　单击"下一步"按钮

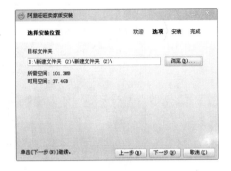

图 8-8　选择目标文件夹

09 单击"下一步"按钮，选择个人文件夹，然后继续单击"下一步"按钮，如图 8-9 所示。

10 选择是否选中"确保网购安全，体验淘宝浏览器"复选框，如图 8-10 所示。

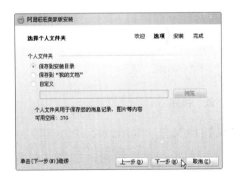

图 8-9　单击"下一步"按钮

图 8-10　选中复选框

11 单击"安装"按钮，等待安装，如图 8-11 所示。

12 安装完成后选中相应的复选框，单击"完成"按钮即可，如图 8-12 所示。

> 提示：在安装完成后可选中相应的复选框，选中最后一个复选框，即安装使用"淘宝助理"。这里暂不讲解对"淘宝助理"的安装，在后面的章节会具体讲到。

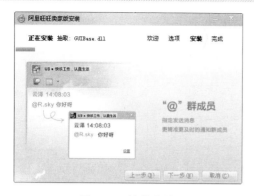

图 8-11　等待安装

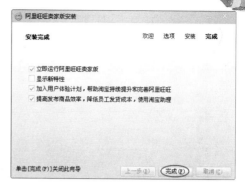

图 8-12　单击"完成"按钮

8.1.2　登录阿里旺旺

安装完阿里旺旺后可以选中"立即运行阿里旺旺卖家版"复选框即会弹出阿里旺旺的登录界面。除此之外，用户在其他时候如何登录阿里旺旺呢？

01　双击桌面阿里旺旺的快捷方式图标，或者在该快捷方式图标上单击鼠标右键，执行"打开"命令，如图 8-13 所示。

02　弹出阿里旺旺的登录界面，如图 8-14 所示。

图 8-13　执行"打开"命令

图 8-14　登录界面

03　输入淘宝会员名和密码，单击"登录"按钮，如图 8-15 所示。

04　系统对用户信息进行验证，如图 8-16 所示。

05 验证成功后即进入操作界面，如图 8-17 所示。

图 8-15　单击"登录"按钮　　　　图 8-16　验证信息　　　　图 8-17　操作界面

> **提示：** 为确保账户安全，如果是在公用电脑上登录旺旺，建议不选中"记住
> 密码"和"自动登录"复选框，如果是在自己的私人电脑上登录旺旺，
> 为了方便省事，则可以选中这两项。

8.1.3　编辑旺旺资料

当买家使用阿里旺旺联系卖家时，在聊天窗口等界面会显示出卖家的个人资料。对旺旺资料的编辑能给买家留下好的印象。

01 登录阿里旺旺，进入操作界面后，单击左上角的头像图标，如图 8-18 所示。

02 打开"我的资料"编辑窗口，如图 8-19 所示。

03 对"备注"、"姓名"等信息进行填写，如图 8-20 所示。

04 单击"修改头像"按钮，如图 8-21 所示。

05 弹出"修改头像"窗口，单击"高级上传"选项，如图 8-22 所示。

06 单击"浏览"按钮，在弹出的对话框中选择头像，如图 8-23 所示。

图 8-18　操作界面

图 8-19　我的资料编辑窗口

图 8-20　填写信息

图 8-21　单击"修改头像"按钮

图 8-22　单击"高级上传"选项

图 8-23　选择头像

07　单击"打开"按钮，然后单击"上传图片"按钮，如图 8-24 所示。

08 调整头像的显示区域，然后单击"保存"按钮，如图 8-25 所示。

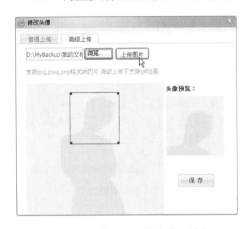

图 8-24 单击"上传图片"按钮

图 8-25 单击"保存"按钮

09 在"我的资料"窗口中单击"确定"按钮，保存个人资料的修改，如图 8-26 所示。

图 8-26 单击"确定"按钮

8.1.4 旺旺系统设置

对旺旺进行设置才能更加方便快捷地使用该软件。

01 在登录阿里旺旺的状态下，单击操作界面中下方的"设置"按钮，如图 8-27 所示。

02 弹出"系统设置"对话框，如图 8-28 所示。

图 8-27　单击"设置"按钮

图 8-28　"系统设置"对话框

03 单击"客服设置"按钮，然后单击"自动回复设置"按钮，如图 8-29 所示。

04 选择"自动回复短语"选项卡，单击"新增"按钮，如图 8-30 所示。

图 8-29　单击"自动回复设置"按钮

图 8-30　单击"新增"按钮

05 弹出对话框，输入自动回复的内容，然后单击"保存"按钮，如图 8-31 所示。

06 根据需要添加多个自动回复，然后单击"设置自动回复"选项卡，如图 8-32 所示。

07 选中需要自动回复的复选框，并在相应的倒三角中选择前面设置的自动回复短语，如图 8-33 所示。

08 单击"确定"按钮即可保存系统设置。

图 8-31　单击"保存"按钮　　　　图 8-32　单击"设置自动回复"选项卡

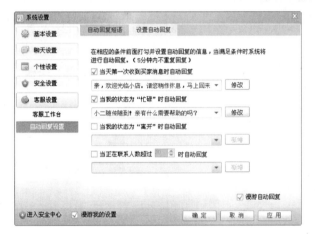

图 8-33　设置自动回复

8.1.5　查找并添加联系人

下面学习在阿里旺旺上查找好友并添加联系人。

01　登录阿里旺旺后，在操作界面中单击"添加好友"的图标，如图 8-34 所示。

02　弹出"查找/添加"窗口，如图 8-35 所示。

03　在"会员名"文本框输入对方的会员名，单击"查找"按钮，如图 8-36 所示。

04　选择需要添加的好友，单击"加为好友"按钮，如图 8-37 所示。

图 8-34　单击"添加好友"图标

图 8-35　"查找/添加"窗口

图 8-36　单击"查找"按钮

图 8-37　单击"加为好友"按钮

05 弹出添加联系人信息，输入显示名，选择分组，然后单击"完成"按钮即可，如图 8-38 所示。

图 8-38 单击"完成"按钮

8.1.6 添加买家为好友

有顾客上门咨询，此时你会发现在旺旺显示中，该客户并不是你的好友。而如何添加咨询的买家为好友呢？

01 在陌生人聊天窗口顶端会显示系统提示信息，单击"加为好友"链接，如图 8-39 所示。

02 在弹出的对话框中修改显示名称及分组，单击"完成"按钮即可，如图 8-40 所示。

图 8-39 单击"加为好友"链接

图 8-40 单击"完成"按钮

8.1.7 添加买家好友分组

当生意越来越好，旺旺里的好友也越来越多，为了方便区分，卖家可将好友进行分组。

　　一般可将买家好友进行如下分组：

● 店铺会员：对于常在店铺消费的会员，可将其分入一组。

● 到货提醒：对于需要某缺货商品的买家，可在到货后发送旺旺消息进行提醒。

● 售后买家：需要售后的买家则可将其分入该组，以便实时关注买家情况，做到让买家满意而归。

下面来学习如何添加好友分组。

01　登录到旺旺，选择任一分组，单击鼠标右键，执行"添加组"命令，如图 8-41 所示。

02　此时旺旺面板的分类列表中即添加了一个新的分组，如图 8-42 所示。

图 8-41　执行"添加组"命令

图 8-42　新建组

03　输入分组名称，在空白区域进行单击，就完成了新分类的创建，如图 8-43 所示。

04　在其他分组内选择好友，按住鼠标并拖动到新分组上，如图 8-44 所示，即可移动好友到该组。

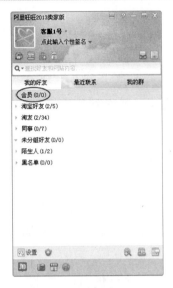

图 8-43　新建分组

图 8-44　移动好友

8.1.8　加入旺旺群

使用过腾讯 QQ 的卖家一定不陌生 QQ 群，旺旺群类似于 QQ 群，都是用来进行群体交流的。新手卖家可多与其他卖家进行交流，分享开店的经验心得。

1. 按群号查找

在知道群号的情况下可选择按群号查找群。

01　在阿里旺旺界面下方单击"添加好友"图标，如图 8-45 所示。

图 8-45　单击"添加好友"图标

02　弹出"查找/添加"对话框，单击"群查找"选项卡，如图 8-46 所示。

03　此时，请选择查找方式下方为"按群号查找"，输入群号码，单击"查找"按钮，即可查找到符合条件的群，如图 8-47 所示。

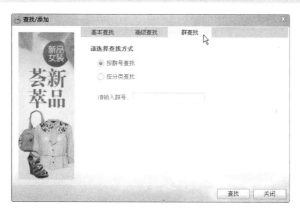

图 8-46　单击"群查找"选项卡

图 8-47　查找群结果

04　单击"加入该群"按钮，即可成功地加入该群。

提示：如同 QQ 群一样，部分旺旺群需要验证才能加入该群。

2．按分类查找

按分类查找群一般适用于不知群号，而需要找寻同样兴趣爱好淘友的卖家。按分类查找有两种查找方式，可以按分类查找，也可以按照关键字查找。按分类查找，可以通过单击可选择分类下拉列表来进行选择；也可以通过关键字来查找，在文本框中输入关键字即可。

01　打开群查找窗口，选中"按分类查找"单选按钮，如图 8-48 所示。

02　选择分类或填写关键字后单击"查找"按钮，即打开一个网页，在

该网页中有同分类的所有旺旺群，如图 8-49 所示。

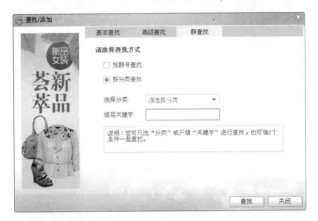

图 8-48　选中"按分类查找"单选按钮

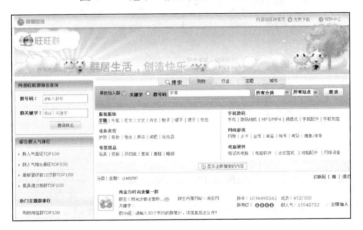

图 8-49　同分类的所有群

03　选择喜欢的旺旺群，单击"立即加入"链接即可加入该群。

8.1.9　建立店铺的旺旺群

为了增加店铺的活跃度，积累客户源，将店铺的会员或所有买家集中起来，可以建立自己店铺的旺旺群。

01　登录阿里旺旺，切换到"我的群"选项卡，如图 8-50 所示。

02　在"我的群"面板中，双击"立即双击启用群"图标，如图 8-51 所示。

图 8-50　切换到"我的群"选项卡

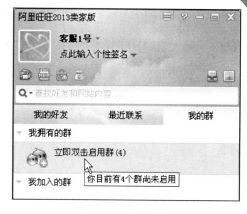

图 8-51　双击图标

03　弹出"启用群"对话框，如图 8-52 所示。

04　填写资料，如图 8-53 所示，单击"提交"按钮。

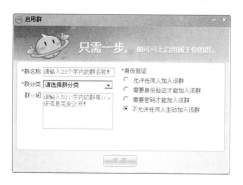

图 8-52　弹出"启用群"对话框　　　　　图 8-53　填写群资料

05　弹出一个提示创建群成功的页面，如图 8-54 所示。

06　单击"立即补充群资料"按钮，填写群的详细信息，如图 8-55 所示。

图 8-54　创建群成功

图 8-55　补充详细资料

07 切换到"群成员"选项卡，单击"邀请成员"按钮，如图 8-56 所示。

08 在左侧栏中选择好友，单击"添加"按钮，如图 8-57 所示。

图 8-56 单击"邀请成员"按钮

图 8-57 单击"添加"按钮

09 单击"确定"按钮，弹出提示信息，单击"确定"按钮，如图 8-58 所示。

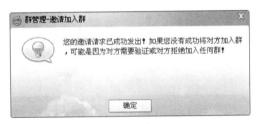

图 8-58 单击"确定"按钮

8.1.10 快速查看聊天记录

建立客户档案、总结交流经验、查找口头承诺过的协议、发生纠纷时取证，这些都离不开聊天记录，下面来学习如何快速查看聊天记录。

1. 查看当前好友的聊天记录

01 登录阿里旺旺，选择需要查看聊天记录的好友，双击鼠标，进入聊天窗口，如图 8-59 所示。

02 单击"查看消息记录"按钮，如图 8-60 所示。

图 8-59　聊天窗口

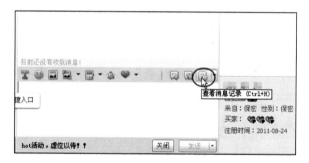

图 8-60　单击"查看消息记录"按钮

03　右侧的聊天记录界面打开后即可查看当前好友的聊天记录，如图 8-61 所示。

图 8-61　当前好友的聊天记录

2. 查看所有好友聊天记录

01 在阿里旺旺界面右下方单击"消息管理"图标，如图 8-62 所示。

02 打开"消息管理器"对话框，如图 8-63 所示。

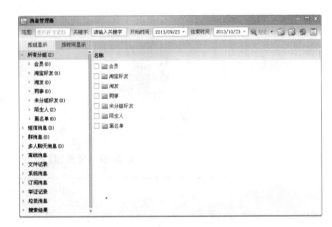

图 8-62　单击"消息管理"图标　　　　图 8-63　　"消息管理器"对话框

03 选择相应分组内的好友即可显示该好友的聊天记录，如图 8-64 所示。

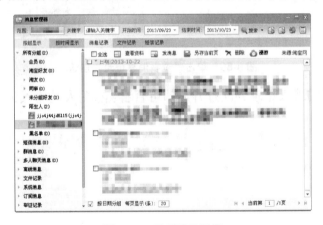

图 8-64　显示聊天记录

8.2　网店交易全过程

顾客上门，欣喜之余却不知如何完成交易？这是个让新手卖家比较头疼的问题。本节将直击网店交易的全过程，全面讲解如何完成第一笔交易。

8.2.1　宝贝被拍中，与买家沟通

当卖家守在电脑前，突然叮咚一声，宝贝被拍中了，这时的欣喜之感是无法言语的。但是需要提醒新手卖家的是，买家拍下宝贝后别着急发货，首先应查看买家是否付款到支付宝。若长时间未付款，则需要与买家沟通了。

很多新手卖家不知道如何沟通，下面讲解几点与买家沟通要点。

- 对于自助购物的买家，询问好买家的收货地址、电话等信息。
- 对于偏远地区的订单，则要向买家解释需要补足邮费。
- 对于指定快递的买家，则需要确认后并在提醒买家订单中备注改快递，以免发错快递而无法到达指定地点，引起不必要的麻烦。
- 对于在备注中索要小礼物的订单，则应和买家沟通，以达到一致。

8.2.2　答复买家，促成买家付款

在买家拍下宝贝后，提出很多顾虑，如是否保证正品，是否包邮，是否提供发票等等。为打消买家的顾虑，店主应及时答复买家，并尽量达成一致。

为了促成买家付款到支付宝，卖家需要谦和、礼貌地回复买家的问题，并主动消除其疑虑。一切协调妥当后才可提醒买家付款。

01　在"已卖出的宝贝"页面，单击"详情"链接，进入"交易详情"页面，单击"提醒买家付款"链接，如图 8-65 所示。

02　系统向买家的旺旺发送提醒信息后，弹出对话框，单击"确定"按钮即可，如图 8-66 所示。

图 8-65　单击"提醒买家付款"链接

图 8-66　提示对话框

8.2.3 修改宝贝价格

对于特别客户，如会员、多单客户、团购客户等等，私下协调并达成一致后可修改宝贝的价格。

01 进入"卖家中心"，单击左侧栏中的"已卖出的宝贝"链接，如图 8-67 所示。

02 在"已卖出的宝贝"页面，单击"修改价格"链接，如图 8-68 所示。

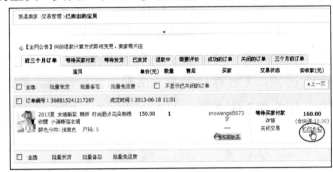

图 8-67　单击链接　　　　　　图 8-68　单击"修改价格"链接

03 打开"订单原价"提示框，如图 8-69 所示。

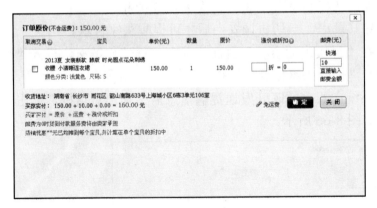

图 8-69　　"订单原价"提示框

04 在"涨价或折扣"的文本框中输入折扣值，后面的文本框显示折扣后优惠的金额，如图 8-70 所示。

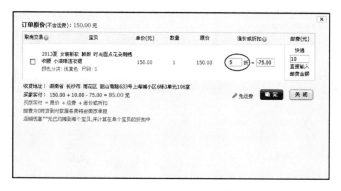

图 8-70　5 折优惠和优惠金额

05　单击"确定"按钮，即可成功修改定价。返回交易页面，页面显示修改后的交易信息内容，如图 8-71 所示。

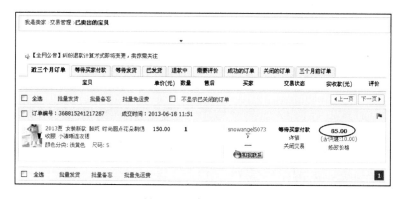

图 8-71　成功修改价格

8.2.4　即时发货

买家付款到支付宝后，卖家就需要即时发货了。具体发货时间淘宝网中有相应的规定：在"买家已付款"后，除定制、预售及适用特定运送方式的商品外，普通商品需在 3 天内发货，闪电发货虚拟商品需在 1 小时内发货，闪电发货实物商品需在 24 小时内发货，参加淘宝活动的商品(如"聚划算商品")需在 7 天内发货(卖家的发货时间，以快递公司系统内记录的时间为准)。

下面来学习如何发货。

01　进入"卖家中心"，在"已卖出的宝贝"页面中单击"发货"按钮，如图 8-72 所示。

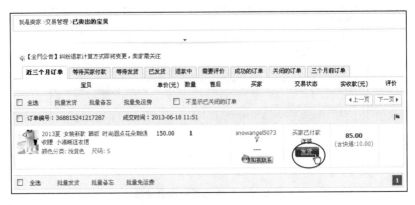

图 8-72　单击"发货"按钮

02　进入"发货"页面，确认收货信息及交易详情，然后在"我的发货信息"后单击"请设置了再发货"链接，如图 8-73 所示。

图 8-73　单击"请设置了再发货"链接

03　进入"地址库"页面，输入地址信息，单击"保存设置"按钮，如图 8-74 所示。

04　回到"选择物流服务"页面，选择"在线下单"选项卡，如图 8-75 所示。

05　在相应的物流公司后单击"选择"按钮，在"运单号码"文本框中输入运单号，如图 8-76 所示。

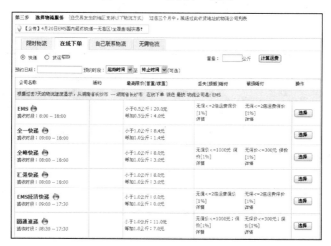

图 8-74　"地址库"页面

图 8-75　选择物流公司

图 8-76　填写快递订单

06 单击"确认"按钮，提示"操作成功"，如图 8-77 所示。

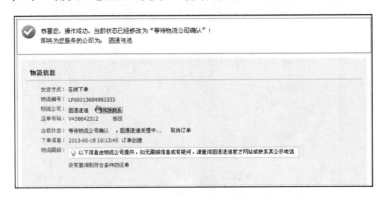

图 8-77 操作成功

07 等待物流公司确认，上门收件并发货。

08 打开"已卖出的宝贝"页面，此时的交易状态为"卖家已发货"，如图 8-78 所示。

图 8-78 完成发货

8.2.5 给买家做出评价

当买家收到货物后会确认收货并对商品进行评价，卖家在买家确认收货后也应做出相应的评价。

01 进入"卖家中心"页面，单击"已卖出宝贝"链接，选择需要评价的买家交易，单击"评价"链接，如图 8-79 所示。

02 在打开的页面中，选择不同的评价种类单选按钮，并输入评价内容，最后单击"提交评论"按钮即可，如图 8-80 所示。

图 8-79　单击"评价"链接

图 8-80　评价

> **提示**：评价分为"好评"、"中评"、"差评"三类，每种评价对应一个积分。

第 9 章

学好网店经营

为了网店的全局性和长远性考虑，卖家应该学会充分利用各种资源，学好网店的经营。

9.1 善用淘宝助理

网店经营管理中，会遇到很多烦琐的工作，单枪匹马的蛮干就会显得力不从心。有什么省时省力的办法呢？这时你就需要一位善解人意、工作能力强、效率高的帮手了。对，它就是淘宝助理。

9.1.1 认识淘宝助理

淘宝助理是一款免费客户端工具软件，它可以不登录淘宝网就能直接编辑宝贝信息，快捷批量上传宝贝。简单来说就是上传和管理宝贝的一个店铺管理工具。

淘宝助理可对交易管理批量编辑，批量编辑物流公司和运单号，减少人为的手工操作，为卖家节省更多的宝贵时间。

9.1.2 淘宝助理的安装与使用

前面章节中讲到安装完成阿里旺旺后可选择是否安装淘宝助理。若用户未选择安装，还可以以其他方式进行下载、安装、使用。

01 打开浏览器，使用百度等搜索引擎搜索"淘宝助理"，打开相关网页，如图 9-1 所示。

图 9-1 搜索到的相关网页

02　选择认证的"淘宝助理"官方网站，打开官网的网页，如图 9-2 所示。

图 9-2　淘宝助理官方网站

03　单击"立刻下载"按钮，新建下载任务，设置文件名及下载路径后单击"下载"按钮，如图 9-3 所示。

图 9-3　新建下载任务

04　下载完成后，在下载的相应路径中找到安装程序，如图 9-4 所示。

05　双击该文件，出现安装提示框，单击"下一步"按钮，如图 9-5 所示。

图 9-4　安装程序

图 9-5　单击"下一步"按钮

06 修改目标文件夹，单击"下一步"按钮，如图 9-6 所示。

07 进入下一个界面，单击"安装"按钮，如图 9-7 所示。

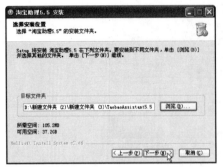

图 9-6 单击"下一步"按钮　　　　　　图 9-7 单击"安装"按钮

08 显示安装进度，等待安装，如图 9-8 所示。

09 安装完成后选中相应的复选框，单击"完成"按钮即可，如图 9-9 所示。

图 9-8 安装进度　　　　　　　　　　图 9-9 单击"完成"按钮

9.1.3 轻松掌握宝贝上架时间

淘宝助理最主要的功能之一就是可以轻松编辑宝贝的上下架。下面来学习如何操作。

01 双击桌面"淘宝助理"的快捷方式图标，或者在该快捷方式图标上单击鼠标右键，执行"打开"命令，如图 9-10 所示。

02 弹出登录界面，在登录框中输入淘宝账户名和登录密码，然后单击

"登录"按钮，如图 9-11 所示。

图 9-10　执行"打开"命令　　　　　图 9-11　登录界面

03　程序进行登录验证及初始化，登录后进入淘宝助理界面，如图 9-12
所示。

图 9-12　淘宝助理界面

04　单击"宝贝管理"按钮，如图 9-13 所示。

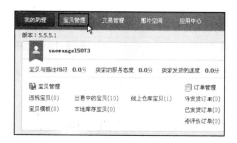

图 9-13　单击"宝贝管理"按钮

05 进入"宝贝管理"界面,如图 9-14 所示。

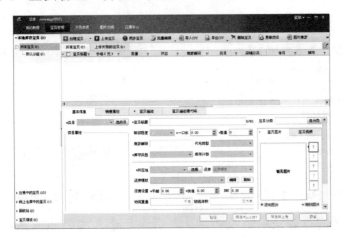

图 9-14 "宝贝管理"界面

06 在左侧栏中单击"线上仓库中的宝贝",展开宝贝列表,如图 9-15 所示。

07 在右侧栏中选择需要设置的宝贝,选中"宝贝标题"前的复选框,则可以全选宝贝,如图 9-16 所示。

图 9-15 展开宝贝列表

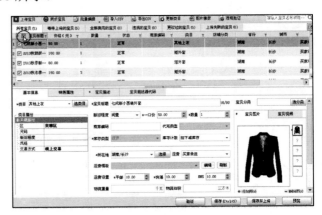

图 9-16 选中宝贝

08 单击"批量编辑"按钮,弹出下拉菜单,执行"上架处理"命令,如图 9-17 所示。

09 弹出"上架处理"对话框,如图 9-18 所示。

图 9-17　执行"上架处理"命令　　　　　图 9-18　打开对话框

10　在开始时间的下拉菜单中选择"定时上架",并设置新的时间与间隔时间,如图 9-19 所示。

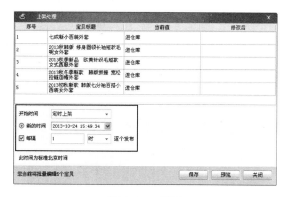

图 9-19　设置

11　单击"预览"按钮即可预览每款宝贝上架的确切时间,如图 9-20 所示。

图 9-20　单击"预览"按钮

12 单击"保存"按钮，所有宝贝将会按指定的时间上架。单击"等待
上传的宝贝"按钮，可在列表中查看即将上传的宝贝信息，如图 9-21 所示。

图 9-21　查看即将上传的宝贝信息

9.1.4　批量编辑宝贝

使用淘宝助理的"批量编辑"功能可以批量编辑宝贝名称、商家编码、
宝贝数量、价格等内容，它为卖家节省了大量时间。如店铺周年庆时，卖家
为组织促销，将所有宝贝的价格以 5 折销售，这时若逐个修改宝贝价格，会
费时又费力，而使用淘宝助理则能快捷地编辑。下面来学习如何批量编辑宝
贝的价格。

01 登录淘宝助理，单击"宝贝管理"按钮，在右侧选择宝贝，单击"批
量编辑"按钮，如图 9-22 所示。

图 9-22　单击"批量编辑"按钮

02 在弹出的下拉菜单中选择"价格"选项，如图 9-23 所示。

03 弹出"价格"对话框，选中"新的公式"单选按钮，如图 9-24 所示。

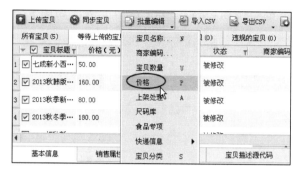

图 9-23　选择"价格"选项

图 9-24　选中"新的公式"单选按钮

04　在公式的下拉菜单中选择"除"选项，并设置公式后的值，如图 9-25 所示。

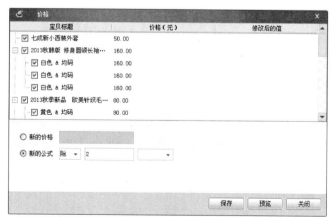

图 9-25　设置公式后的值

05 单击"预览"按钮,预览修改后的价格,如图 9-26 所示。

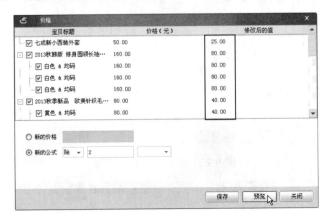

图 9-26　预览修改后的价格

06 最后单击"保存"按钮即可。

9.2　店铺全方面优化

淘宝店铺优化是指通过对淘宝店铺各方面进行优化设置,达到店铺商品关键词排名靠前、商品曝光率和点击率增加来提高店铺流量,同时提高进店顾客的购物体验,进而提高商品转化率。淘宝店铺优化分为两类,第一种就是淘宝店铺在淘宝站外的搜索引擎优化,第二种就是淘宝网站内部搜索排名优化。

只要掌握了简单的淘宝优化技巧,就能够让淘宝店铺的流量在短时间内飙升!所以作为淘宝卖家,淘宝 SEO(淘宝搜索引擎优化)的掌握是必然的。

9.2.1　为什么要优化

在淘宝网中,宝贝的排序无疑是决定销量的一个最为关键因素。对宝贝的排序进行优化后必然会带来店铺的收益。那么影响宝贝排序的因素有哪些呢?

1. 服务指数

服务指数包括:店铺动态评分、退款率、旺旺响应速度、支付宝使用率、

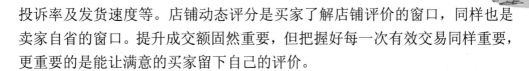

投诉率及发货速度等。店铺动态评分是买家了解店铺评价的窗口,同样也是卖家自省的窗口。提升成交额固然重要,但把握好每一次有效交易同样重要,更重要的是能让满意的买家留下自己的评价。

2．成交指数

成交指数包括:收藏量、点击量、支付宝成交情况等,从点击量角度而言,丰富店内导航和关联营销就非常重要。

3．相关性

简单理解就是你的宝贝和搜索的关键词是否相关。

4．下架时间

下架时间一直是排序中比较重要的因素,用来保证每个商品都有机会展现,因此你的商品上架时间也很重要,如何让你的商品在一天不同时间段都能展现,这个有很多技巧。最好在宝贝展现的时候,卖家能在线服务,否则买家想买也联系不到卖家。淘宝的交易高峰时间,或者说购买人群最多的时段在一天之内有三个:早上 10:00~12:00,下午 3:00~5:00,晚上 8:00~10:00。正常情况下,周一到周五的人群比周末要多。所以如何安排你的宝贝下架时间,也成了一个有用的工具。

5．滞销情况

上架超过 5 个月并且在 2 个月之内没有成交的宝贝,被定义为滞销商品。滞销商品会被屏蔽,但编辑商品并重新上架后,该滞销商品会被重新搜索到。

9.2.2 店铺招牌命名

相信很多卖家在刚开始筹划店铺开张之时都会为店铺的招牌命名而冥思苦想。店铺名称就是店铺的商号,是店铺识别的基本要素。换而言之,店铺名称也就是店铺的品牌。

一个好的网店名称可以给商家带来可观的流量和用户知名度,还能在无形中对网店进行免费地宣传。

下面介绍几个店铺招牌命名技巧。

- 简洁明了，方便买家记忆，让自己的店铺名称易于广泛传播。
- 命名时要和店铺的市场定位、主营商品、服务宗旨、经营目标等相和谐，以有助于店铺形象的塑造。
- 具备独特的个性，力戒雷同，避免与其他店铺混淆。
- 名称具备新鲜感，赶上时代潮流，创造新概念。
- 气魄的名称起点高，具备冲击力和浓厚的感情色彩。
- 响亮的名称更容易上口，取名时切记使用难发音和音韵不好的字。

9.2.3 优化宝贝标题

淘宝搜索是大部分人直接获取商品信息的来源，只有很少的一部分买家是直接进入店铺或者通过其他链接进来的。优化宝贝标题的目的就是提高宝贝曝光率，增加店铺人气。

新手卖家不知如何优化宝贝标题，经常会走进一些误区，盲目堆砌关键词，随意调低价格，发布广告商品等，都不仅不能给店铺带来收益，反而得不偿失。

1．遵循淘宝规则

宝贝的标题是提高搜索量和点击量的关键所在。但是，宝贝标题要遵循淘宝规则，以免违反规则导致宝贝被淘宝网索引降权。

- 不要大量的商品使用相近或者类似的标题
- 标题中切记不要故意堆砌一些品牌词或者过量的关键词
- 少用特殊符号，勿把重要的信息用特别的符合包括或者代表起来。
- 标题中可以添加商品的属性，但是不要故意去模仿其他的商品或者店铺。

2．收集关键词

标题对引擎搜索来说显得非常重要，它是吸引买家进入你店铺的重要途径。品牌店铺的标题中可以加入店铺的名字、店铺所出售主打产品的关键字。

关键词的收集渠道主要有有人气商品标题采集、淘宝首页及类目推荐词、搜索框下拉菜单词、淘宝排行、淘宝指数、数据魔方、量子恒道关键词报表、直通车词表等。

下面来介绍一下如何通过淘宝的搜索框下拉菜单收集关键词。

01　进入淘宝网首页，在搜索栏中输入关键词"包包"一词，在下拉菜单中会自动跳出相应的关键词，如图 9-27 所示。

图 9-27　搜索关键词

02　单击"搜索"按钮后，在"女装"的搜索页面中，可以看到淘宝给出的匹配的类似关键词，如图 9-28 所示。

图 9-28　匹配的类似关键词

03　在搜索的宝贝中，我们可以借鉴其他同行使用的关键词，如图 9-29 所示。

图 9-29　搜索的宝贝

3．编辑标题

标题优化是个循环往复的过程，并非一蹴而就。卖家应经常编辑标题。

01　进入"买家中心"页面，单击左侧栏中的"出售中的宝贝"链接，如图 9-30 所示。

02　在右侧选择需要编辑标题的宝贝，在宝贝名称列表下，单击"编辑宝贝标题"图标，如图 9-31 所示。

图 9-30　单击链接

图 9-31　单击图标

03　在打开的文本框中重新输入宝贝名称，单击"保存"按钮即可，如

图 9-32 所示。

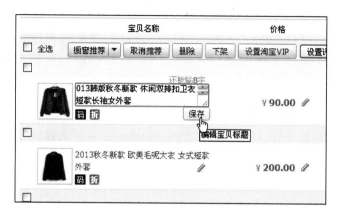

图 9-32 单击"保存"按钮

9.2.4 客服掌柜命名

当客户看上某件宝贝而需要咨询客服或掌柜时，亲切、顺口的客服或掌柜命名必然会让买家眼前一亮，并留下深刻印象。

我们知道，淘宝账号一旦注册后就不能修改其用户名，因此在注册前便需命好名。给客服或掌柜命名并不是随口就可以了。

下面介绍客服掌柜命名的技巧：

- 为了方便买家记忆，店铺内的所有命名都应通俗顺口，旺旺命名也不例外。
- 使用亲切、生动的名称更能让顾客赏心悦目。
- 按照店铺所售商品来命名客服名，可以体现店铺的特征并让人印象深刻。

9.2.5 橱窗推荐宝贝

橱窗推荐，是淘宝推出的一种宝贝展示工具，新手卖家尤其需要使用橱窗推荐将买家吸引到店铺里面来，所以千万不要小看这小小的橱窗推荐，使用得好可以发挥意想不到的效果。

橱窗推荐位有限，因此推荐的宝贝要仔细斟酌。一般而言，优惠的价格、突出的主图、吸引的标题等都是吸引卖家的关键点，那么橱窗推荐宝贝也可遵循这些原则。

橱窗推荐具有很强的灵活性，可针对自己店铺的情况酌情使用，只有充分地了解他的性能，才能够做到活学活用，相信合理利用橱窗推荐一定会给你的店铺带来意想不到的收益。那么如何设置橱窗推荐宝贝呢？

1. 手动设置

01 进入"卖家中心"页面，单击左侧栏中的"出售中的宝贝"链接，如图 9-33 所示。

02 进入"出售中的宝贝"页面，选中需要橱窗推荐的宝贝前的复选框，如图 9-34 所示。

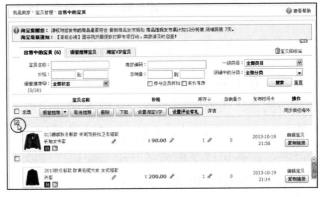

图 9-33　单击链接　　　　　　　　　图 9-34　选中宝贝复选框

03 单击"橱窗推荐"按钮，如图 9-35 所示。

图 9-35　单击"橱窗推荐"按钮

04 此时的宝贝左侧即显示已推荐，如图 9-36 所示。

图 9-36 显示已推荐

2．自动推荐

除了进行手动推荐外，还可以根据人气、价格、销量、发布时间等顺序进行自动推荐。

01 在出售中的宝贝页面单击"橱窗推荐"下的"橱窗设置"按钮，如图 9-37 所示。

02 弹出"橱窗设置"对话框，在宝贝推荐顺序的下拉菜单中选择合适的选项，如图 9-38 所示。

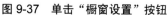

图 9-37 单击"橱窗设置"按钮

图 9-38 选择推荐顺序

03 单击"确定"按钮后，页面刷新并显示出自动橱窗推荐的宝贝，如图 9-39 所示。

图 9-39　自动橱窗推荐的宝贝

9.2.6　优化宝贝的上下架时间

宝贝的上下架时间对于淘宝集市卖家尤为重要，它是影响宝贝排名的关键因素，对宝贝的浏览量、店铺的成交量都有一定影响。那么如何合理地优化宝贝的上下架时间呢？

在工作日时对店铺内的流量进行全面分析，一般情况下，下午 2 点到 5 点的流量会多于其他时间，那么则可以控制店铺在工作日的下午上架宝贝。同样的道理，在周末时，则应控制宝贝上下架时间为晚上 8 点到 10 点。

我们知道，淘宝发布宝贝以 7 天或 14 天为一周期进行展现，离下架时间越短宝贝的排列越靠前。因此，为避免宝贝同时上架而影响其余时间的排名，则应在发布宝贝时分多次隔天发布，避免同时发布所有宝贝。

另外，在宝贝上架时，分析周边的商品，若发现有不利于自己竞争的商品存在，则可马上调整商品上下架时间。

9.2.7　店铺推荐位

橱窗推荐是为了顾客进入你的店铺，而店铺推荐指的是顾客来了后先能看到的宝贝。

9.2.8 建立友情链接

友情链接是指互相在自己的店铺内放上对方网站的链接。使得用户可以从合作网店中发现并进入到自己的网站，提高转化率，达到互相推广的目的。

建立友情链接的好处有很多：

● 提升网店流量。友情链接的好处在于可为自己的网店带来更多的访问量。

● 完善用户体验。不同的网店链接，可使顾客服务更完善。例如，女装店铺可以与饰品店交换友情链接等。

● 提高知名度。互相链接的是信誉好、名气高的店铺，可使本店铺的知名度及品牌形象得到一个极大的提升。

下面来学习如何设置友情链接。

01 进入店铺装修页面，选择左侧模块后单击"添加模块"按钮，在"添加模块"界面中单击"友情链接"后的"添加"按钮，如图 9-40 所示。

图 9-40 单击"添加"按钮

02 添加模块后，将光标移至模块上，单击"编辑模块"图标，如图 9-41 所示。

03 弹出"友情链接"对话框，如图 9-42 所示。

图 9-41　单击"编辑模块"图标　　　　图 9-42　"友情链接"对话框

04　填写链接名称、链接地址、链接说明等信息，如图 9-43 所示。

图 9-43　填写信息

05　单击"保存"按钮后发布装修，将光标放置在链接名称上，则会显示相应的链接说明，如图 9-44 所示。

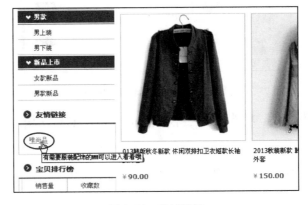

图 9-44　店铺链接

06　单击该链接，即可跳转进入链接所在的网店。

9.3　完善商品管理

通过对宝贝描述、商品信息、商品二维码等内容的设置与管理，更好地完善店铺经营。

9.3.1　宝贝描述

俗话说"人靠衣装马靠鞍"，好的商品同样需要讲究"包装"，这里讲的"包装"就是指宝贝描述。在宝贝描述中，合理的布局构图、精美的图片展示，往往能让宝贝增色不少，让顾客记忆深刻并促成交易。

淘宝宝贝描述模板出现在宝贝详情页里，首页上我们并看不到，但是打开每个商品后都会呈现，顾客决定购买某商品前会仔细查看宝贝的展示和描述，如何做到赏心悦目并简洁明了。

1．图片

在宝贝描述页面中，图片必不可少，这是吸引客户的关键点。网上购物稍逊色于实体店的就是，无法见到实物而导致买家对商品不放心，所以宝贝的图片展示也就起到关键性作用了。

宝贝的商品主图要做好配色，突出产品的颜色，加深买家的印象。

2．文字描述

包括宝贝的尺寸、材质、品牌、属性、特点等在内的文字描述都是必不可少的。文字描述做到真实细致，从而突出产品的卖点。另外还可加上店铺的售后等承诺保证，不仅能消除买家的疑虑，还能方便买家了解信息后进行自助购物，减少买家的咨询。

9.3.2　修改商品信息

1．上传颜色图

在前面章节中讲到，卖家在发布宝贝时，为使颜色选择更直观，方便卖家选购，可上传宝贝的颜色图。下面来学习如何上传宝贝的颜色图。

01. 发布宝贝时，在颜色分类下选择颜色，然后在后面的文本框中修改颜色名称，如图 9-45 所示。

图 9-45　修改颜色名称

02　在下面颜色后单击"本地上传"或"图片空间"按钮，如图 9-46 所示。

图 9-46　单击按钮

03　上传图片后在颜色后即显示了该效果图，如图 9-47 所示。

图 9-47　上传图片

04　用同样的方法上传其他颜色图，发布宝贝后的颜色分类即显示效果图，如图 9-48 所示。

图 9-48　颜色分类效果

2．设置尺码推荐

尺码模板是淘宝官方推出的，旨在节省卖家尺码答疑时间，降低尺码引起的退货率，方便买家自助选择尺码从而利于买家做出购物决策的免费工具。

01　宝贝发布时，在"尺码"下单击"管理尺码模板"按钮，如图 9-49 所示。

图 9-49　单击"管理尺码模板"按钮

02　打开"服装尺码模板"页面，在这里提供了很多参考范例，如图 9-50 所示。

03　单击"新增服装模板"按钮，如图 9-51 所示。

04　输入模板名称，并设置尺码与适合身高，如图 9-52 所示。

图 9-50 "服装尺码模板"页面

图 9-51 单击"新增服装模板"按钮

图 9-52 编辑尺码

05 选中"体重"复选框，如图 9-53 所示，即可新增适合体重一列。

06 在该列中可以输入适合体重，如图 9-54 所示。

图 9-53　选中复选框

图 9-54　输入适合体重

07　若行数不够，可单击"插入一行"按钮，如图 9-55 所示。

08　若多出一行，则可单击该行前的×按钮，如图 9-56 所示。

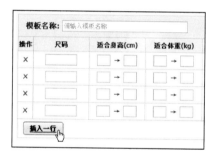

图 9-55　单击"插入一行"按钮

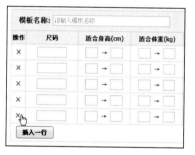

图 9-56　单击×按钮

09　弹出对话框，单击"确定"按钮即可删除行，如图 9-57 所示。

10　模板建好后单击"保存并返回"按钮，然后单击"测试准确性"按钮，如图 9-58 所示。

图 9-57　单击"确定"按钮

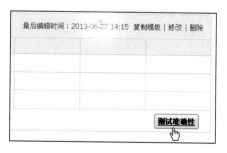

图 9-58　单击"测试准确性"按钮

11　在身高和体重文本框中分别输入数值，然后单击"测试"按钮，在

左下方会显示出适合的尺码，如图9-59所示。

图9-59　测试

12　重新回到"宝贝发布"页面，在尺码推荐的下拉菜单中选择模板，如图9-60所示。

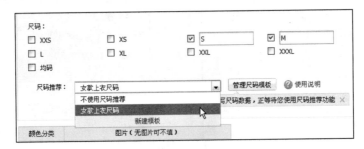

图9-60　选择模板

13　发布商品后即可应用尺码推荐，在商品页面中单击"尺码助手"链接，如图9-61所示。

14　弹出并显示了买家的尺码信息，系统根据买家信息自动推荐相应的尺码，如图9-62所示。

图9-61　单击"尺码助手"链接

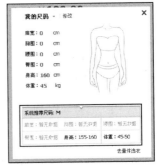

图9-62　推荐尺码

9.3.3　商品二维码

在店铺装修中用到商品二维码可方便手机用户快捷搜索。

01　在"出售中的宝贝"页面中，选择一款宝贝，将光标放置在"码"按钮上，会显示出该商品的二维码图标，如图 9-63 所示。

02　单击电子标签右上角的"下载标签"链接，如图 9-64 所示，即可下载该二维码图标。

图 9-63　二维码图标

图 9-64　单击"下载标签"链接

9.3.4　宝贝体检

通过对宝贝体检可以实时查看涉及违规及需要修改的宝贝。

01　进入"卖家中心"页面，单击左侧栏中的"体检中心"链接，如图 9-65 所示。

02　进入体检中心，在体检中心会显示出发现问题的宝贝或被处罚的宝贝，若宝贝都正常，则会如图 9-66 所示。

03　除此之外，还可以单击左侧栏中"仓库中的宝贝"链接，如图 9-67 所示。

04　单击"待您处理的违规宝贝"链接，如图 9-68 所示。

图 9-65　单击链接

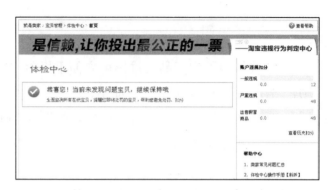

图 9-66　体检中心

图 9-67　单击链接

图 9-68　单击链接

05　打开"已被处罚"页面，查看是否有违规处罚或需要修改的宝贝信息，若无已被处罚的宝贝，则如图 9-69 所示。

图 9-69　无已被处罚的宝贝

9.4　店　铺　动　态

店铺动态展示了店铺的新品上市等一系列店铺动态。

01　进入"卖家中心"页面，单击左侧栏中的"查看淘宝店铺"链接，如图 9-70 所示。

02　进入我的店铺页面，单击"店铺动态"按钮，如图 9-71 所示。

图 9-70　单击链接

图 9-71　单击"店铺动态"按钮

03　进入店铺动态页面，如图 9-72 所示。

图 9-72　店铺动态页面

04　单击"管理我的店铺"按钮，如图 9-73 所示。

05　打开新的页面，显示店铺动态信息，如图 9-74 所示。

图 9-73　单击"管理我的店铺"按钮　　　　图 9-74　显示店铺动态信息

06　单击"动态设置"按钮，如图 9-75 所示。

07　进入"动态设置"页面，选中相应的复选框后单击"保存"按钮，如图 9-76 所示。

图 9-75　单击"动态设置"按钮　　　　图 9-76　单击"保存"按钮

08　单击"编辑资料"按钮，填写相关资料后单击"保存资料"按钮，如图 9-77 所示。

图 9-77　单击"保存资料"按钮

09 资料保存后单击"浏览我的店铺动态"链接，如图 9-78 所示。

图 9-78　单击"浏览我的店铺动态"链接

10 在打开的页面中即显示了我的店铺动态消息，如图 9-79 所示。

图 9-79　店铺动态

第10章

不能不知的营销手段

我们都知道，无论你的网店做得如何完美，商品再物美价廉。如果不将它推广开来，提高它的知名度，那么，这个网上商店只能说是做给自己看的，它存在的意义就大为逊色了。可如何推广，如何提升自己网店的访问量，并且能够吸引客户的眼球呢？本章将为大家一一揭晓在淘宝开店不能不知的推广方法。

10.1 套餐推广

使用套餐推广不仅能刺激买家下单，还能在保证折扣和利润的同时，提高买家单次消费的客单价，从而提高店铺整体交易额。

10.1.1 "满就送"套餐

"满就送"是一种变相的减价方式。不只是单单通过直接的折扣促使买家进行消费，而是通过满足一定的条件来促使买家下单，甚至购买更多的商品。在现实生活和网上店铺中的使用都非常普遍。

"满就送"分为主要的两类：满足"金额"或者是满足"件数"，如满100-10，满2件8折等。

"满就送"套餐主要可以分为赠送物品、减价、送积分、包邮四种方式。至于选择何种方式则需要卖家定夺了。例如，当小件商品的邮费比重较大时，使用满就包邮的方式更合适。

"满就送"套餐的订购是需要支付一定费用的，其收费标准为24元/季，48元/半年，96元/年。下面来介绍如何订购"满就送"套餐。

01 在"卖家中心"页面左侧栏中单击"我要推广"链接，如图 10-1 所示。

02 在"营销工具"选项中单击"满就送"按钮，如图10-2 所示。

03 进入"淘宝卖家服务"页面，选择不同的周期显示不同的价格，单击"立即订购"按钮，如图10-3 所示。

04 进入新的页面，确认信息后单击"同意协议并付款"按钮，如图10-4 所示。

图 10-1　单击链接

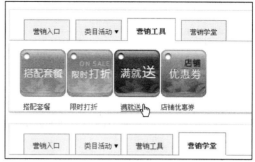

图 10-2　单击"满就送"按钮

图 10-3　单击"立即订购"按钮

图 10-4　单击"同意协议并付款"按钮

05　弹出窗口，单击"去支付宝付款"按钮，如图 10-5 所示。

06　进入支付宝付款后即可开通"满就送"服务。

提示：订购"满就送"后，可在促销管理中对"满就送"进行设置。

图 10-5　单击"去支付宝付款"按钮

10.1.2　搭配减价套餐

搭配减价是指通过多种商品组合搭配的方式，设置低于商品总价的套餐价。那哪些商品适合搭配减价呢？

● 配件型，例如相机机身和镜头、电脑组装配件等。

● 套餐类，产品有一定互补性，比如化妆品、服装组合。

● 主从关系，比如电视机需要配安装架、电源插板等。

"搭配套餐"订购的收费标准为 15 元/季，30 元/半年，60 元/年，下面来讲解订购方法。

01　在"卖家中心"页面左侧栏中单击"我要推广"链接，如图 10-6 所示。

02　在"营销工具"选项中单击"搭配套餐"按钮，如图 10-7 所示。

图 10-6　单击链接

图 10-7　单击"搭配套餐"按钮

03　选择周期后，单击"立即订购"按钮，如图 10-8 所示。

04　付款成功后即可开通"搭配套餐"服务。

图 10-8　单击"立即订购"按钮

10.2　促销推广

促销推广是每一个网店新手开店时需要考虑的问题，只有成功地把店铺推广出去，才会有好的生意来源，从而带来收益。

10.2.1　限时打折

限时打折是淘宝提供给卖家的一种店铺促销工具，订购了此工具的卖家可以在自己店铺中选择一定数量的商品在一定时间内以低于市场价进行促销活动。活动期间，买家可以在商品搜索页面根据"限时打折"这个筛选条件找到所有正在打折中的商品。

01　进入"卖家中心"页面，在左侧栏中单击"促销管理"链接，如图 10-9 所示。

02　进入"促销管理"界面，切换到"限时打折"选项卡，如图 10-10 所示。

图 10-9　单击链接

图 10-10　切换到"限时打折"选项卡

03 进入"限时打折"选项，提示需订购该服务，单击"马上订购"按钮，如图 10-11 所示。

图 10-11 单击"马上订购"按钮

04 进入订购页面，选择周期，单击"立即订购"按钮，如图 10-12 所示。

图 10-12 单击"立即订购"按钮

05 到支付宝付款后即可对限时打折进行设置。

10.2.2 店铺优惠

淘宝店铺优惠券是指淘宝买家在淘宝购物或者收藏店铺以及其他活动时，淘宝卖家给买家的店铺优惠券。淘宝店铺的优惠券是买家在该店铺购买商品结算时，当消费的额度达到优惠券的使用要求以后，会自动优惠相应的额度。

01 在"卖家中心"页面单击"促销管理"链接，如图 10-13 所示。

02 切换到"店铺优惠券"选项卡后单击"马上订购"按钮，如图 10-14

所示。

图 10-13　单击"促销管理"链接　　　　图 10-14　单击"马上订购"按钮

03　进入订购页面，选择周期后即可单击"立即订购"按钮订购该服务，如图 10-15 所示。

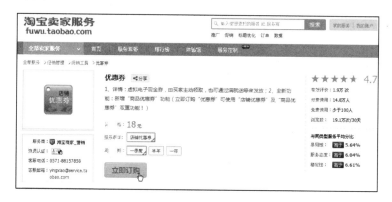

图 10-15　订购页面

10.2.3　免费试用

免费试用，顾名思义，是指卖家为了打消客户的某些顾虑，为用户提供的无须支付任何费用就可以使用商品的一种活动。但有时候也不是全部免费的，有的产品可能会需要用户支付一定的快递费用。

免费试用将产品(一般都是新产品或者试用装)免费赠送给潜在消费者，供其使用或者尝试，并诱导消费者购买的一种促销方式。利于提高产品入市速度，对于实行免费试用的营销策略的产品，一定有其自身的优点。免费试用策略有利于提高产品入市速度，提高产品知名度和品牌亲和力。

淘宝网为扶持小卖家，商家参加试用活动的条件已经完全 0 门槛，如图 10-16 所示。

图 10-16　免费试用报名条件

下面讲解如何参加免费试用的活动。

01　单击"卖家中心"页面的"我要推广"链接后，单击"淘宝试用"按钮，如图 10-17 所示。

图 10-17　单击"淘宝试用"按钮

02　进入"淘宝试用"页面，如图 10-18 所示。

图 10-18　"淘宝试用"页面

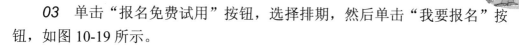

03　单击"报名免费试用"按钮，选择排期，然后单击"我要报名"按钮，如图 10-19 所示。

04　填写试用品信息及商家信息，如图 10-20 所示。

图 10-19　单击"我要报名"按钮

图 10-20　填写信息

05　单击"提交报名申请"按钮，等待审核，审核通过后，系统会以旺旺弹出窗口通知上架时间及注意事项。

10.2.4　天天特价

天天特价是淘宝隆重推出的一款让利消费者，促进商家店铺宝贝销量的优秀平台。

对消费者而言，在淘宝天天特价里的宝贝，价格极其低廉，免去一切邮费，收到货后不满意可退可换，这就是一种实实在在的优惠。让利网购消费者，这是淘宝天天特价的一大功能。

对商家店铺而言，在淘宝天天特价里促销自己销量较低或刚刚推出的新品，保本推品牌，推店铺招牌，积攒信誉，积累良好的口碑，为以后的生意铺路，虽然不赚或少赚钱，但赚得了信誉和网购消费者的客观评价，实际上也是赢家。这样才能达到互惠互利，双赢效果。

报名天天特价也需要相应的资质，如图 10-21 所示。

图 10-21　报名资质

下面讲解如何报名天天特价。

01　单击"卖家中心"页面的"我要推广"链接后，单击"淘宝天天特价"按钮，如图 10-22 所示。

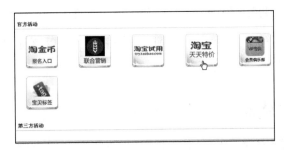

图 10-22　单击"淘宝天天特价"按钮

02　进入"天天特价"商家首页，如图 10-23 所示。

图 10-23　商家首页

03 若满足报名资质，阅读活动流程单击"我要报名"按钮，如图 10-24
所示。

04 选择报名日期，单击鼠标，如图 10-25 所示。

图 10-24　单击"我要报名"按钮　　　　图 10-25　选择日期

05 右侧显示出所选日期的主题活动及详情，可以选择"主题报名"，也
可单击"不参加主题活动，直接报名"按钮，如图 10-26 所示。

图 10-26　报名详情

10.2.5　聚划算团购

相信很多卖家都深有体会，虽然店铺已经上了轨道，但是新品上架却经
常遭遇无人问津的境地。一件新品从没有任何的销量，到成为一件爆款需要
很多的营销手段，聚划算团购就是其中之一。

聚划算是淘宝一种全新的促销方式，它依托淘宝网巨大的消费群体，为消费者提供优质划算的商品和服务，不断创新网购新模式。聚划算除了提供质优价廉的团购商品，还在全国近百个城市提供本地生活服务类商品的团购服务，

01 在"我要推广"页面中单击"报名聚划算"按钮，如图 10-27 所示。

图 10-27　单击"报名聚划算"按钮

02 进入聚划算商户中心，可以单击"我要报名"按钮，如图 10-28 所示。

图 10-28　单击"我要报名"按钮

03 查看业务类型，并分别查看详情，然后报名各团购，如图 10-29 所示。

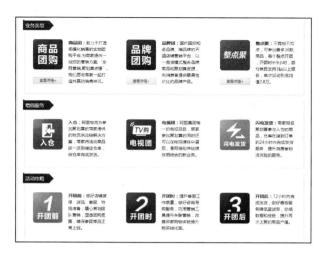

图 10-29　查看详情

10.2.6　免邮活动

在网上开店经营，商品的邮寄运输费用可以设置为卖家包邮或者不包邮，包邮是指商品已经包含了邮费，邮费标准是按快递邮费最高地区的价格算的。对于卖家而言，包邮比不包邮利润更高一些，商城卖家或皇冠大卖家都喜欢设为卖家包邮，这样可增加利润，还能使买家在搜索免邮商品时更快找到自己的宝贝。

01　在发布宝贝页面的"宝贝物流信息"下选中"卖家承担运费"单选按钮，如图 10-30 所示。

图 10-30　选中"卖家承担运费"单选按钮

02　发布宝贝后，即可在商品页面的物流运费后看到"快递：免运费"的字样，如图 10-31 所示。

图 10-31　免运费

10.2.7　秒杀活动

"秒杀"是网络卖家发布一些超低价格的商品，让所有买家在同一时间通过网络进行抢购的一种促销方式。由于商品性价比很高，往往活动一开始就被抢购一空，所需时间甚至以秒计算。

秒杀活动能提升店铺的流量，把更多流量转化成有价值的流量，让更多进店的人购买。

01　在发布宝贝时选中"设定"单选按钮，并设置开始时间，然后在"秒杀商品"中选中相应复选框，如图 10-32 所示。

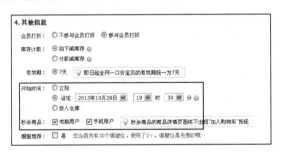

图 10-32　选中"设定"单选按钮

02　发布"宝贝"后，即可看到即将开始的秒杀商品，如图 10-33 所示。

> **提示：** 在秒杀的页面非常详细地阐述秒杀的规则，因为当关注的人多的时候，客服是无法一一回应用户的提问的。先公示出来既减轻客服的压力，也有利于产生争议的时候有据可查。

图 10-33　宝贝页面

10.2.8　集分宝

集分宝是由支付宝提供的积分服务，集分宝可以当"钱"用，100 个集分宝抵扣 1 元钱。

用户在支付宝合作商户网站交易或在支付宝网站指定的业务场景(如信用卡还款、公共事业缴费等)，可在支付时按集分宝兑换人民币的比例抵扣使用集分宝。用户也可通过将集分宝换购指定商品、捐赠给支付宝合作的公益项目等途径使用集分宝。用户使用集分宝时需遵守网站公布的最低使用数量等要求。集分宝不可转让或换取现金。

01　在"我要推广"页面中，单击"集分宝"按钮，如图 10-34 所示。

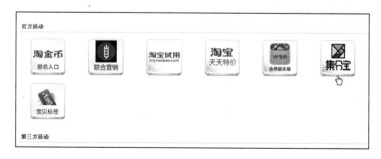

图 10-34　单击"集分宝"按钮

02　进入"一淘集分宝"页面，单击"商家报名"链接，如图 10-35

所示。

图 10-35　单击"商家报名"链接

03　打开新的页面，查看报名资质，如图 10-36 所示。

图 10-36　报名资质

04　若满足报名条件，则可单击"我要报名"按钮，如图 10-37 所示。

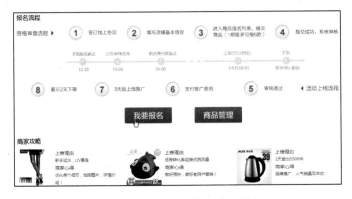

图 10-37　单击"我要报名"按钮

10.2.9 买就送

买家购买商品，卖家附赠小礼品。这是培养买、卖双方亲密度，以及增加回头客的必杀技。意想不到的"礼物"不但能带给买家欣喜，更能使卖家对店铺的好感度上升。

小礼品的赠送给予买家更多的利益，来吸引新买家并留住忠诚买家，还能提高店铺的满意度和收藏率。如图 10-38 所示为买就送海报。

图 10-38　买就送海报

> **提示：** 赠送礼品应包装精美、质量良好、具有网店或品牌标识，才能传播品牌、吸引用户、聚集流量。按照店铺的实际情况出发，多买多送，少买少送。

对于赠送的礼品也有一定的要求：

- 赠品最好能搭配顾客所购买的商品。合理的搭配也使顾客更能感受到掌柜的良苦用心，礼轻情意重。

- 赠品需要有实用价值。哪怕是赠品，也应是顾客需要，或者是用得着的商品。如果送出的赠品没有任何吸引力和实用性，那对于顾客来说，也只会置于一边，毫不理会。这样花成本送去的赠品也就得不偿失了。

- 赠品应该多样化，拒绝单一。单一的赠品，不仅让促销显得乏味，更让老顾客逐渐失去了兴趣，所以多样化的赠品可以使店铺更新颖。

- 赠品质量切不可马虎。虽然是赠品，可是质量问题却不能忽视。对于顾客来说，赠品质量过差，会让买家感觉卖家敷衍了事。

● 赠品切不可喧宾夺主。赠品始终是赠品，虽不可廉价，却也不能太过昂贵，从而乱了主次。别让赠品使出售的产品失了色。别忘了，赠品是为了出售商品服务的，过高成本的赠品，只会使出售的商品在顾客心中降了级。

10.2.10　促销红包

促销红包是指促销时给买家发放的红包。卖家通过向买家派发红包，可以吸引买家进店购物。

01　登录淘宝网后，进入"我的淘宝"页面，单击"我的支付宝"链接，如图 10-39 所示。

02　登录支付宝账户，单击"账户资产"按钮，如图 10-40 所示。

图 10-39　单击"我的支付宝"链接

图 10-40　单击"账户资产"按钮

03　在左侧选项栏中单击"红包"按钮，如图 10-41 所示。

图 10-41　单击"红包"按钮

04　进入"红包"页面，单击"发红包"按钮，如图 10-42 所示。

图 10-42 单击"发红包"按钮

05 在发送红包中包含了"给亲朋好友"和"给客户"两个选择，如图 10-43 所示。

图 10-43 红包

06 由于是发送促销红包，因此在"给客户"下单击"立即发送"按钮。

07 填写相关信息，单击"下一步"按钮，如图 10-44 所示。

图 10-44 单击"下一步"按钮

08　进入"填写发行信息"步骤，选择消费范围，如图 10-45 所示。

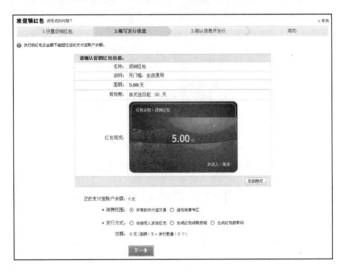

图 10-45　选择消费范围

09　选择"发行方式"，发行方式有"给指定人发送红包"、"生成红包领取按钮"和"生成红包获取码"三种。

10　这里选择"生成红包领取按钮"方式，并设置发行数量，每个账户限领次数，如图 10-46 所示。

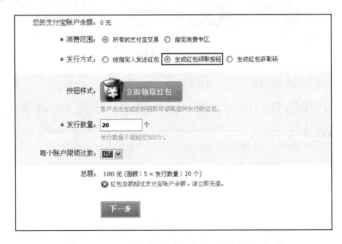

图 10-46　选择"生成红包领取按钮"方式

11　单击"下一步"按钮，确认发行信息，输入支付密码，单击"确认发行"按钮，如图 10-47 所示。

图 10-47　单击"确认发行"按钮

12　促销红包发行成功，下方可以用鼠标双击，复制代码发送给对方，如图 10-48 所示。

图 10-48　发行成功

13　对方收到链接后，需要输入支付宝账户名和登录密码，单击"确认领取"按钮即可，如图 10-49 所示。

图 10-49　领取界面

提示： 若发送给买家的红包到期没有使用，会将红包的资金解冻返回给自己，所以卖家不必担心红包未使用而资金也不知所踪的情况。

10.2.11 活动抽奖

店铺开业或节假日时，举办抽奖活动可以吸引人气，并带来流量。在店铺内添加抽奖活动及抽奖工具，需订购相应的服务。下面介绍如何订购抽奖营销工具。

01 在"淘宝卖家服务"页面搜索栏中输入"抽奖"，然后单击"搜索"按钮，如图 10-50 所示。

图 10-50　单击"搜索"按钮

02 搜索后会出现相应的页面，可根据需要选择服务，如图 10-51 所示。

图 10-51　选择服务

10.2.12　店铺 VIP

每个人都知道回头客很重要，但是真正要知道从何做起是很难的。通过设置店铺 VIP 及为 VIP 会员提供相应的优惠折扣，可以轻松获得一个回头客。

01　在"卖家中心"页面左侧栏中单击"会员关系管理"链接，如图 10-52 所示。

02　在打开的界面中，单击"立即免费开通"按钮，如图 10-53 所示。

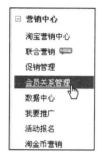

图 10-52　单击"会员关系管理"链接

图 10-53　单击"立即免费开通"按钮

03　打开订购页面，选择周期，单击"立即订购"按钮，如图 10-54 所示。

图 10-54　单击"立即订购"按钮

04　对订购信息进行确认后单击"同意协议并付款"按钮，如图 10-55 所示。

图 10-55　单击"同意协议并付款"按钮

05　进入提示页面，提示订购成功，如图 10-56 所示。

06　回到卖家中心，单击"营销中心"下的"会员关系管理"链接，如图 10-57 所示。

图 10-56　提示订购成功

图 10-57　单击链接

07　进入"会员关系管理"界面，切换到"会员体系"选项卡，如图 10-58 所示。

图 10-58　切换到"会员体系"选项卡

08　选择需要激活的 VIP 等级，对会员等级需要满足的条件及可享受的折扣进行设置，如图 10-59 所示。

图 10-59　设置 VIP

09　选中"不自动升级"复选框，则该会员等级不会自动升级，如图 10-60 所示。

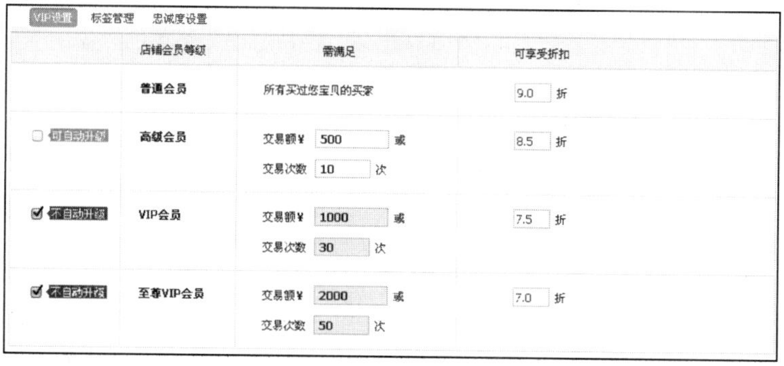

图 10-60　不自动升级

10　单击"保存"按钮即可完成店铺 VIP 的设置。

11　当买家未达到自动升级条件，或关闭 VIP 自动升级的功能时，还可使用手工调整进行 VIP 升降级。

12　在会员关系管理中单击"客户视图"按钮，然后单击"所有客户"按钮，如图 10-61 所示。

13　单击买家昵称或"查看详情"链接，进入单个客户的资料详情页面，如图 10-62 所示。

图 10-61　单击"所有客户"按钮

14　在会员等级的下拉菜单中选择会员等级，如图 10-63 所示。单击"保存"按钮即可修改会员等级。

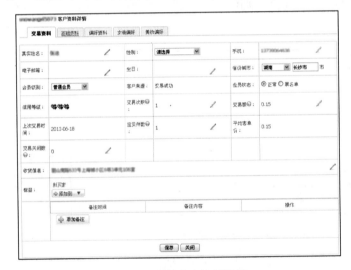

图 10-62　客户资料详情

图 10-63　选择会员等级

15　在所有客户中选中多个会员，单击底部的"批量修改客户资源"按钮，可一次修改多个客户的 VIP 等级，如图 10-64 所示。

16　进入批量修改客户信息界面，选择修改会员等级即可，如图 10-65 所示。

设置完 VIP 折扣，并不意味着会员浏览商品就能看到 VIP 价格，商家可以自由选择参与 VIP 折扣的商品，因此在发布商品信息时，需选中"参与会员打折"单选按钮。

图 10-64 单击"批量修改客户资源"按钮

图 10-65 批量修改

17 在"卖家中心"左侧栏中单击"出售中的宝贝"链接，如图 10-66 所示。

18 选中商品前的复选框后，单击"设置淘宝 VIP"按钮，如图 10-67 所示。

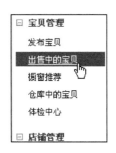

图 10-66 单击链接

图 10-67 单击"设置淘宝 VIP"按钮

19 进入新的页面后，选择左边的关键词然后单击"筛选"按钮后挑出宝贝，设置 VIP 价格，也可以单击"收起"按钮针对上一步选中的宝贝进行设置，如图 10-68 所示。

图 10-68 筛选宝贝

20 设置支持淘宝 VIP 价格，支持 VIP 价格分为 V1-V3(折)、V4-V5(折)、V6(折)，如图 10-69 所示。

图 10-69　设置 VIP 价格

21 价格填写完毕后，单击"参加"按钮即可设置淘宝会员优惠价。

10.3　关联营销

关联营销是一种建立在双方互利互益的基础上的营销，是指一个宝贝页同时放了其他同类、同品牌可搭配的等等有关联宝贝，由此达到让客户多看宝贝，以便提高成交率。

10.3.1　关联营销的优势

关联营销可以让进店的访客更好地了解我们的店铺和我们的产品，其优势主要有以下几点：

● 能够提升转化率，让更多的人来购买。

● 提高客单价，让顾客一次买更多。

● 提高店内宝贝曝光率。

10.3.2　关联营销的方式

说到关联营销，很多新卖家理解的都不是很全面，下面介绍关联营销的几种不同方式。

1．互补关联

互补关联强调搭配的商品和主推商品有直接的相关性，如主推商品为手机，则可以搭配手机套、手机膜等同场景产品。

2．替代关联

替代关联指主推商品和关联商品可以完全替代，如主推商品为圆领 T 恤，那么关联产品可以是 V 领 T 恤，也可以是立领等。

3．潜在关联

潜在关联重点强调潜在互补关系，这种搭配方式一般不推荐，但是针对多类目店铺时或可以考虑。如主推商品为泳衣，那潜在关联的商品可以为防晒霜或项链等。明面上，两种产品毫无关系，但是潜在意义上，买泳装的人可能在户外游泳，所以防晒霜也是必要的。

10.3.3　关联营销的位置

大多数商家都喜欢把关联商品的信息放在宝贝描述的前面，这样做的目的是为了让顾客快速浏览到其他的商品，增加购物车商品数量。宝贝描述的关联推荐到底放在上面，还是放在下面比较合适呢？这个问题的提出其实涉及了消费者心理的问题。

下面对关联营销的位置进行介绍：

- 在宝贝描述前加入关联商品是比较常见的，但是这需要控制关联商品的数量，否则会直接影响用户体验。
- 在宝贝描述中嵌入关联商品，也需要注重质量和数量，否则会显得繁杂，影响消费者的兴趣。
- 在宝贝描述后添加关联商品是较好的营销方式。当买家花费时间浏览完宝贝描述，在一定程度上说明消费者较满意该款产品，有欲望购买。这时，我们在最后加上了相关产品、热卖产品或者配套产品的时候，无论从点击率、购买率来看，都是明显提高的。

合理地嵌入关联商品，才能够起到事半功倍的效果。当然，关联营销的设置很灵活，卖家可以根据自己网店的特点进行设置。不管怎么设置，都要遵循关联性的大前提。

提示：在选择技巧上，上面放流量大转化率高的产品，下面放流量低转化率
高的产品，是一个页面最合理的分流方式。

10.4　淘宝推广

如何让更多的顾客在茫茫商海中找到你的店铺，如何在众多网店中脱颖
而出并占有一席之地？这是每个新手卖家都十分头痛的问题。掌握网店推广
技巧，是网店经营中卖家必修的制胜秘诀。

10.4.1　淘宝直通车推广

淘宝直通车是淘宝网为淘宝卖家量身定制的推广工具，是通过关键词竞
价，按照点击付费，进行商品精准推广的服务。

淘宝直通车的优势在于：

1．超准流量

买家主动搜索时，在最优位展示你的宝贝，只给想买的人看。

2．超省成本

免费展示，买家点击才付费，自由调控花销，合理掌控成本。

3．超值推广

独享增值服务，快速提升推广能力，让你成为网络营销高手。

下面学习如何开通淘宝直通车。

01　在"卖家中心"页面左侧栏中单击"我要推广"链接，如图 10-70
所示。

02　在打开的界面中单击"淘宝直通车"按钮，如图 10-71 所示。

03　进入支付页面，填写支付宝账号以及输入密码，支付直通车费用。

04　成功付费后，接下来要设置推广商品及相关信息，进入"淘宝直通
车"|"宝贝管理"，单击"推广新宝贝"链接。

图 10-70　单击链接　　　　　图 10-71　单击"淘宝直通车"按钮

05　进入"推广新宝贝"页面，选中要推广的宝贝，单击"推广"按钮。

06　进入宝贝设置页面，编辑相应的信息，如宝贝标题、宝贝描述、竞价词等，单击"保存"按钮。

07　在打开的"淘宝直通车系统"页面中，单击"推广新宝贝"按钮，设定竞价词、价格等信息，单击"完成"即可。

10.4.2　淘宝客推广

淘宝客推广是专为淘宝卖家提供淘宝网以外的流量和人力，帮助推广商品，成交后卖家才支付佣金报酬。

淘宝客推广优势明显。

● 最小成本：展示、点击、推广全都免费，只在成交后支付佣金。并能随时调整佣金比例，灵活控制支出成本。

● 最大资源：拥有互联网上更多流量，更多人群帮助推广售卖，让你的买家无处不在。

下面学习如何使用淘宝客推广。

01　在"卖家中心"页面左侧栏中单击"我要推广"链接，如图 10-72 所示。

02　在打开的界面中单击"淘宝客推广"按钮，如图 10-73 所示。

图 10-72　单击链接

图 10-73　单击"淘宝客推广"按钮

03　在打开的阿里妈妈网站页面，单击"进入阿里妈妈账户"按钮，如图 10-74 所示。

图 10-74　单击"进入阿里妈妈账户"按钮

04　在打开的商品列表中选择推广的宝贝，在"下一步"操作中设置各个宝贝的佣金比率。单击"设置完成"按钮，完成宝贝的推广。

10.4.3　淘宝论坛

不管是买家还是卖家都喜欢泡论坛，买家希望找到自己需要的商品，卖家则在此推广自己的商品，每一个人都有可能成为你的潜在客户。

在淘宝论坛，卖家可以通过发帖分享知识，达到交流、沟通、共享的平台，最后达到聚拢人气和流量，提升销售额的目的。

01　登录淘宝网，在页面右侧单击"论坛"按钮，如图 10-75 所示。

02　进入"淘宝论坛"首页，如图 10-76 所示。

图 10-75　单击"论坛"按钮

图 10-76　淘宝论坛

03　在全部论坛下选择不同的版块，这里以"淘宝杂谈"为例，单击"淘宝杂谈"链接，如图 10-77 所示。

图 10-77　选择版块

04　进入到淘宝杂谈的版块中，如图 10-78 所示。

图 10-78　淘宝杂谈

05 单击页面中的"发表"按钮，如图 10-79 所示，在下拉菜单中可以选择不同选项。

06 选择"帖子"选项后即可进入发布帖子的页面，如图 10-80 所示。

图 10-79　单击"发表"按钮

图 10-80　发帖

07 输入帖子标题及帖子正文后，单击"发布"按钮即可发布帖子。

提示： 发帖应注重提高帖子的可读性，从而提高宣传性。

10.4.4　淘宝帮派

淘宝帮派实际上就是自己的个人社区，你可以加入别人的帮派，当然就要遵守别人的帮规；你也可以自建帮派，订立帮规，可以在自己的帮派中分享经验，也可发布广告及促销活动等。

淘宝帮派是淘宝免费提供给淘宝用户使用的，可以发表文字、图片等。对于新店来说，如果自己的帮派人气旺，那么店铺的流量也会骤升，而且，浏览淘宝帮派的网民都是淘宝用户，有卖家也有买家，针对性强！所以，创建淘宝帮派是个很有效的免费推广方法。

1. 加入与关注帮派

下面来讲解如何加入与关注帮派。

01 登录淘宝网，单击页面右上角的"网站导航"按钮，如图 10-81

所示。

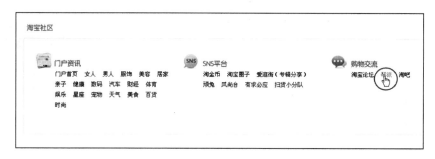

图 10-81　单击"网站导航"按钮

02　在"淘宝社区"版块单击"帮派"链接，如图 10-82 所示。

图 10-82　单击"帮派"链接

03　进入"淘宝网帮派"首页，如图 10-83 所示。

图 10-83　淘宝帮派

04 在网页导航中单击类目名称链接，如图 10-84 所示。

图 10-84 单击类目

05 打开购物类"帮派"页面，单击需要加入的帮派链接，如图 10-85 所示。

06 打开该帮派页面，在页面的右侧单击"加入这个帮派"或"关注这个帮派"按钮即可加入或关注该帮派，如图 10-86 所示。

图 10-85 单击链接

图 10-86 单击按钮

2．创建自己的帮派

淘宝帮派是个完全自由自主的江湖，在你自己管理的帮派里面你就是武林盟主！一群有着和你一样兴趣爱好的人一起快乐淘生活，分享生活中的喜怒哀乐，购物中的经验分享等，只要你是淘宝的会员，你就可以拥有属于自己的帮派！

01 在"淘宝帮派"首页的右侧单击"创建帮派"按钮，如图 10-87 所示。

02 在打开的页面中选择帮派类目，如图 10-88 所示。

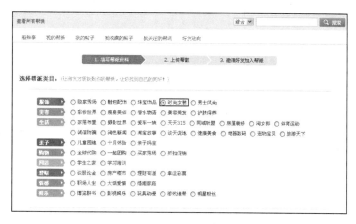

图 10-87　单击"创建帮派"按钮 　　　　　　　　图 10-88　选择帮派类目

03　填写资料后单击"同意协议并创建帮派"按钮，如图 10-89 所示。

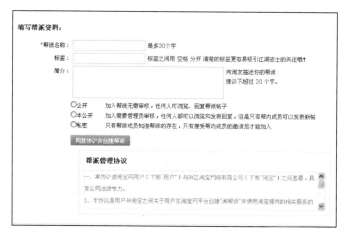

图 10-89　单击"同意协议并创建帮派"按钮

04　进入新的页面，上传帮徽或者直接进入帮派，如图 10-90 所示。

05　在页面底部单击"马上进入帮派"按钮，如图 10-91 所示。

06　进入自己创建的帮派，即可创建活动、发帖或邀请好友加入，如图 10-92 所示。

图 10-90　上传帮徽

图 10-91　单击"马上进入帮派"按钮

图 10-92　进入帮派

10.5　充分利用其他网络推广

充分利用网络推广，全面提高网店搜索概率，同时也发展了许多潜在客户。

10.5.1　动用网下各种宣传关系

网店新开之际，动用亲朋好友进行宣传，不仅能为网店聚集人气，还能发展一批潜在客户。

如何从这些关系着手呢？我们知道，腾讯 QQ、微信、朋友网、人人网等都是人群聚集的地方。在这里，无论是同学还是网友，都是一群年龄相仿、兴趣相同、志同道合的朋友，而在这些朋友中宣传推广自己的网店会更加容易。

10.5.2　微博推广

微博是目前最具人气的地方，新浪、腾讯等平台推出微博以来，微博越来越深受网民喜欢，人数之多，人气之旺可见一斑，这里作为推广之地再合适不过。微博推广的特点是快速、广泛。

10.5.3　使用站内信

为了方便与买家沟通，淘宝为所有的会员都提供了一个站内信箱。如果有买家向卖家发了站内信，只要一进入"我的淘宝"页面，就可以看到站内信有一个统计站内信数量的数字，这时一定要及时回复这些信件。

01　进入"卖家中心"页面，单击左上角的"站内信"链接，如图 10-93 所示。

图 10-93　单击"站内信"链接

02 打开站内信箱，即可看到站内的信件，如图 10-94 所示。

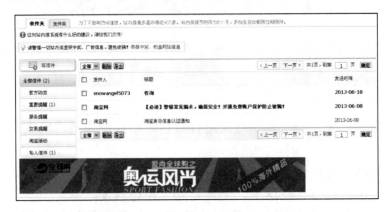

图 10-94　站内信件

03 单击需要回复的信件的标题，如图 10-95 所示。

图 10-95　单击标题

04 在该信件的下方会显示信件内容，单击"阅读全部"链接，如图 10-96
所示。

图 10-96　单击"阅读全部"链接

05　在打开的网页中阅读信件内容，然后单击"回复该信件"按钮回复用户，如图 10-97 所示。

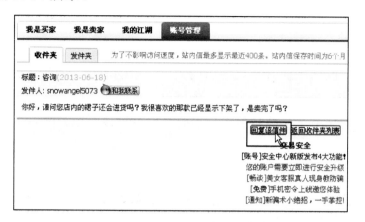

图 10-97　单击"回复该信件"按钮

06　在打开的回复页面，回复买家的留言，在"校验码"文本框中输入校验码，然后单击"发表"按钮，如图 10-98 所示。

07　完成站内信的回复后，系统提示站内信发送成功，如图 10-99 所示。

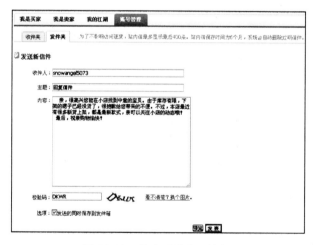

图 10-98　单击"发表"按钮

图 10-99　站内信发送成功

10.5.4　电子邮件推广

将商品以海报的展现形式批量发布到客户邮箱中，以出色的客户浏览体验，激发客户的购买兴趣，从而取得提升销量的目的，这是电子邮件推广的优势。

10.5.5 蘑菇街分享

为了推广网店，提升自己网店的人气，增加流量，在准备开店之时就应该多留意一些与自己网店内容相关的网站。蘑菇街在导购领域有很高的用户粘度和购买转化率。在蘑菇街内分享商品，可以很好地为网店带来流量。

01 登录蘑菇街，将光标放置在页面上方的"分享"按钮上，在弹出的菜单中单击"分享商品"按钮，如图 10-100 所示。

图 10-100 单击"分享商品"按钮

02 弹出对话框，将要分享的宝贝链接网址复制后粘贴到文本框中，然后单击"确定"按钮，如图 10-101 所示。

图 10-101 单击"确定"按钮

03　选择专辑，在文本框中输入推荐的理由，并单击"发表"按钮，如图 10-102 所示。

图 10-102　单击"发表"按钮

04　完成分享，单击"去看看"链接，查看分享的宝贝，如图 10-103 所示。

05　在我的个人页面中可查看所有分享的宝贝，如图 10-104 所示。

图 10-103　查看分享的宝贝

图 10-104　所有分享的宝贝

第 11 章

打造信誉度高的店铺

在竞争日益激烈的网络市场，信誉是保证生意日益增多的途径之一。为网店做好口碑营销，打造信誉高的店铺。

11.1 卖家信誉度的衡量标准

信誉度毋庸置疑是买家衡量这家店铺的标准。店铺信誉度高，自然人流量增加，销售额也会跟着上升。

11.2 为什么买家在乎店铺信誉

众所周知，淘宝上的卖家信誉度几乎是影响交易率的第一重要因素。店铺没有信誉度，买家看到喜欢的商品也不敢轻易下单。淘宝信用是通行证，淘宝信用好评体系不仅是买家衡量卖家生意好坏、诚信高低的标准，而且还影响并决定着卖家店铺、宝贝排名前后。

- 买家在选择不同卖家的相同产品时，会优先选择信用级别高的。
- 当店铺的信用越高，在淘宝店铺排列的位置就越靠前。
- 店铺的信用越高，店铺内的产品在同类产品中排列的位置就越靠前。
- 相对而言，高信用度的店铺在交易纠纷中的主动权相对会更大。

11.3 淘宝网的评论规则

淘宝网评论规则是由"信用评论规则"和"店铺评分规则"两部分组成。

11.3.1 信用评论规则

淘宝网会员在个人交易平台使用支付宝服务成功完成每一笔交易后，双方均有权对对方交易的情况作一个评价，这个评价亦称之为信用评价。

卖家信用度是需要一点点累积的，每一笔卖出订单交易成功后，均有一次评价机会，每获得买家一个好评只要符合计分规则即可得1分。

1. 评价计分规则

主要的评价计分规则如下：

- 评价分为"好评"、"中评"、"差评"三类，每种评价对应一个积分。

- 评价积分的计算方法，具体为："好评"加 1 分，"中评"0 分，"差评"扣 1 分。

- 对会员的评价积分进行累积，并在淘宝网页上进行评价积分显示。

- 评价有效期指订单交易成功后的 15 天内。

- 每个自然月中，相同买家和卖家之间的评价计分不得超过 6 分(以淘宝订单创建的时间计算)。超出计分规则范围的评价将不计分。

- 若 14 天内(以淘宝订单创建的时间计算)相同买卖家之间就同一个商品进行评价，多个好评只计 1 分，多个差评只记-1 分。

2. 卖家信用等级

卖家的信用不停地上升，会有相应的等级变化。在交易中作为卖家的角色，其信用度分为以下 20 个级别，如图 11-1 所示。

4分-10分	❤
11分-40分	❤❤
41分-90分	❤❤❤
91分-150分	❤❤❤❤
151分-250分	❤❤❤❤❤
251分-500分	♦
501分-1000分	♦♦
1001分-2000分	♦♦♦
2001分-5000分	♦♦♦♦
5001分-10000分	♦♦♦♦♦
10001分-20000分	👑
20001分-50000分	👑👑
50001分-100000分	👑👑👑
100001分-200000分	👑👑👑👑
200001分-500000分	👑👑👑👑👑
500001分-1000000分	👑
1000001分-2000000分	👑👑
2000001分-5000000分	👑👑👑
5000001分-10000000分	👑👑👑👑
10000001分以上	👑👑👑👑👑

图 11-1　卖家信用等级

11.3.2 店铺评分规则

店铺评分和信用评价是并存的，虽然两者的体现内容不一样，但都是为买家提供更多维度的参考价值。

1. 什么是店铺评分

店铺评分是买家交易成功后的 15 天内，本着自愿的原则对卖家进行店铺评分，包括"宝贝与描述相符"、"卖家服务态度"、"卖家发货速度"、"物流公司服务"四项。店铺评分仅限于使用支付宝完成的交易。逾期未打分则视为放弃，系统不会产生默认评分，不会影响卖家的店铺评分。

店铺评分生效后，宝贝与描述相符、卖家服务态度、卖家发货速度三项指标将分别平均计入卖家的店铺评分中，物流公司服务评分不计入卖家的店铺评分中，但会计入物流平台中。

2. 店铺评分的计分方法

计算方法：每个自然月，相同买、卖家之间交易，卖家店铺评分仅计取前三次(计取时间以交易成功时间为准)。店铺评分一旦做出就无法修改。计算周期为每天计算近 6 个月之内的数据。

3. 店铺评分中的处罚数和投诉率

店铺评分中的处罚数计算方法：近 30 天卖家涉及虚假交易、侵犯知识产权、发布违禁信息，被处罚的数量。计算周期为每天计算近 30 天被处罚数。

店铺评分中的投诉率计算方法：近 30 天内发起且成立的投诉笔数。计算周期为每天计算近 30 天发起且小二设置为维权成立的投诉数据，数据延迟2 天。

4. 了解店铺动态评分低于**%

店铺动态评分低于**%的意思是指卖家在店铺动态评分的某项服务中，总体来说比同行业的卖家服务分低**%，没有达到同行业卖家的平均服务水平。

5．查看店铺动态评分具体情况

卖家可以登录"卖家中心"页面，单击左侧栏中的"评价管理"链接，如图 11-2 所示，查看店铺动态评分，可以查看三个维度的评分和打分人数，如图 11-3 所示。

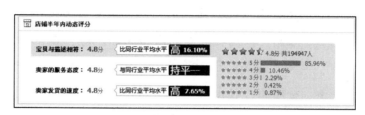

图 11-2　单击"评价管理"链接　　　　图 11-3　查看店铺动态评分

提示： 每个买家评价的具体分值是无法查看的。

11.3.3　切忌炒作信用

淘宝的信用体系是一步步做起来的，做信用的过程，也是网店店主接触这个新事物的过程，是网络经营能力成长必须经过的步骤。省略了这个步骤，就如同空中楼阁，经受不住风吹雨打的，最终还是不利于自身发展。

炒作信用度判断规范有哪些？

1．商品发布判断规范

卖家出售以下类别商品而取得好评时，淘宝将一律认定划分为变相换好评信用炒作行为。

● 发布纯信息，即无独立载体信息。包含但不仅限于如下情况：减肥秘方、赚钱方法、会员招募、商品知识介绍、免费信息以及购物体验介绍等等。

● 发布免费获取、低价商品。包含但不仅限于如下情况：无偿从发行方获得的优惠券或资格权、免费商品、软件下载、电子刊物(凡是通过网络传输的一切电子商品)、电子邮件地址邀请等；1 元以下虚拟类商品(不包括：Q 币/收费 Q 秀/游戏货币-最小货币单位 0.1 元)；1 元及 1 元以下服务类商品等等。

- 在商品留言、心情故事及宝贝描述中有明显换好评行为的文字内容的商品。

- 将一件商品拆分为多个页面发布，属于信用炒作商品。包含但不仅限于如下情况：商品和商品的运费分开发布。

- 限制买家购买数量的虚拟物品，属于信用炒作商品。包含但不仅限于如下情况：限制某件商品一个 ID 只能购买一件。

- 将赠品打包出售或利用赠品提升信誉等。

- 卖家利用第三方炒作团伙，或通过和别人协议交换购买的方式等。

- 其他无实际交易的虚假行为等。如买卖双方进行虚假的、实际上并无商品流转的交易，产生信用积分且累积信用积分达到虚假交易扣分标准的，依据规则的规定扣分；没有产生信用积分的，适用虚假交易第三项规定扣分。

- 在移动/联通/电信充值中心，网络游戏点卡，腾讯 QQ 专区三个类目中发布虚拟类商品时使用限时折扣工具。

2．交易行为判断规范

对于有以下行为的，淘宝亦认定为信用炒作行为。

- 注册多个会员名：如一个用户注册多个会员名相互进行出价和给予评价，或同一公司的多个职员间的相互评价等。

- 会员之间协议换好评：如买卖家间没有实际成交但给予评价等。

- 利用信息工具要求与他人换好评：如利用阿里旺旺、QQ 等聊天工具，或利用站内信件及商品页面的留言等方式要求与他人进行相互出价、给予评价等。

11.3.4　炒作信用的后果

信用炒作是一种不道德的行为，对于其他卖家很不公平，所以网站查到后都会做出严厉处罚。自淘宝新规出台，信用炒作被列为首要打击目标。

● 对于炒作信用度的行为，淘宝除按照淘宝规则的规定给予相应处罚外，有权在删除违规好评对应的评价积分后，对该评价记-2分。

● 淘宝有权根据其自身的判断，认定会员是否存在"炒作信用度"的行为，并有权依据淘宝规则的规定对淘宝认定其存在炒作信用度行为的会员给予处罚。

主要规则如图 11-4 所示。

《淘宝规则》，查看原文

第五十六条　虚假交易，是指通过不正当方式提高账户信用积分和/或商品销量，妨害买家权益的行为。

（一）通过不正当方式所提高的信用积分占账户总信用积分80%以上，若相应违规笔数达96笔以上的，每次扣96分；若相应违规笔数48笔以上但96笔以下的，每次扣48分；

（二）通过不正当方式所提高的信用积分占账户总信用积分50%以上但80%以下，且相应违规笔数达48笔以上的，每次扣48分；

（三）其它通过不正当方式提高账户信用积分的，每次扣24分。

（四）通过不正当方式提高商品销量的，每次扣6分。
　　淘宝网对涉嫌虚假销量、信用的商品给予30天的单个商品淘宝网搜索降权，同时根据卖家店铺涉嫌虚假交易情节严重程度给予卖家7至90天的全店商品淘宝网搜索降权。

图 11-4　主要规则

提示： 违规记分扣满 12 分，淘宝将对账户做冻结处理(不限制网站登录)，用户需要进行淘宝考核。考核通过后，用户的该冻结将被解除；扣分满 10 分，已参加消费者保障服务的用户将被强制退出。

11.4　设置评论有礼

评论就是宝贝的口碑，为了鼓励买家做出优质评论，淘宝发布了"评论有礼"功能。当买家购买了参与评论有礼活动的商品，根据宝贝情况做出客观评论后，就有机会收到卖家发放的优惠券或者返现奖励。

设置评论有礼不仅能促使买家积极评论，还能使店铺更快更多地获取优质评论。

01　在"卖家中心"左侧栏中单击"出售中的宝贝"链接，如图 11-5 所示。

02　选中商品复选框，单击"设置评论有礼"按钮，如图 11-6 所示。

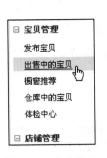

图 11-5 单击链接

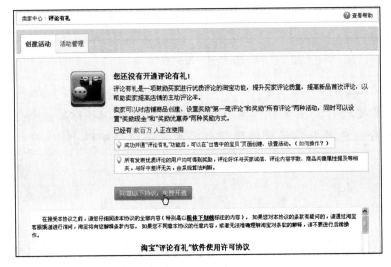

图 11-6 单击按钮

03 进入"评论有礼"界面,单击"同意以下协议,免费开通"按钮,如图 11-7 所示。

图 11-7 单击按钮

04 单击"出售中的宝贝"链接,如图 11-8 所示。

05 选中商品复选框,然后再次单击"设置评论有礼"按钮。

06 单击"下一步,设置活动"按钮,如图 11-9 所示。

图 11-8　单击链接

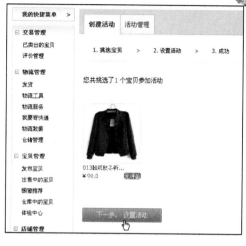

图 11-9　单击按钮

07　在设置活动页面中填写信息，选择活动类型，如图 11-10 所示。

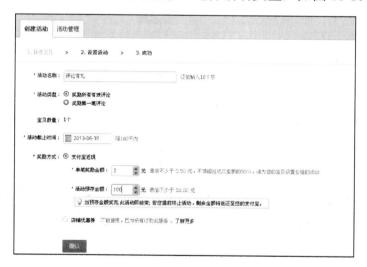

图 11-10　填写信息

提示： 评论有礼活动类型包括了奖励所有有效评价和奖励第一笔评价两种。奖励方式包括了支付宝返现和店铺优惠券两种。

08　单击"确认"按钮，弹出对话框，如图 11-11 所示。单击"去支付宝付款"按钮，缴存对应的活动奖励金额，然后开始活动。

图 11-11 单击按钮

09 在活动管理页面中可以查看创建的评论有礼活动，如图 11-12 所示。

图 11-12 评论有礼

> **提示：** 所有发表优质评论的用户均可得到奖励，评论好坏与买家诚信、评论内容字数、商品关键属性提及等相关，与好中差评无关，由系统算法判断。

11.5 处理中差评

中差评无疑是新手卖家最头痛的问题，但却不是无法处理的问题。只要了解中差评产生的原因及学会处理中差评，相信在打造高信誉店铺的路上会更加游刃有余。

11.5.1 中差评产生的主要因素

产生中差评的因素主要有描述误会、发货速度、邮寄速度、服务态度、包装细节、运输损坏、其他等几个方面。

1．描述误会

问题：在卖家宝贝描述中，没有对图片与文字无法表达的方面做出确切声明，或者出现容易产生歧义的描述，导致买家收到货后有被欺骗的感觉。

解决方法：在宝贝描述中虽然类似触感、味感等用图片很难表达，但是应使用文字事先声明或在旺旺交流中提前交代。对于容易产生歧义的，应重新描述，进行准确定位。

2．发货速度

问题：对于卖家发货过慢的情况而给出中差评。

解决方法：对于卖家缺货在补货中，或者为代理发货，或者由于天气原因快递上门取货延迟等延迟发货的情况，要提前通知买家，而不是隐瞒、消极对待。

3．邮寄速度

问题：很多买家指定平邮时速度过慢，或者选择的快递未按照指定日期内送达而导致的中差评。

解决方法：对于选择平邮的订单，卖家应在发货前提醒买家，平邮不同于快递的速度，或者尽量说服买家选快递。

4．服务态度

问题：在买家询问卖家时，有时卖家较忙，而碰到卖家未能及时回答，买家感觉未受到尊重而给予的中差评。

解决方法：及时回复买家，即使是再忙也应提前告知，这样买家才会弄清实际情况，免去误会。

5．包装细节

问题：很多买家收到货物后，由于包装的不整洁等细节问题而给予了中差评。

解决方法：细节决定成败，包装及货物都要注意干净整洁。

6．运输损坏

问题：人人都不会满意花钱买来破碎、损坏的东西。由于运输过程的损坏而给予的中差评。

解决方法：易碎品要严格按照减震要求包装。

7．其他

问题：这类差评包括无理由、无文字的中差评。这种情况一般是新手买家在觉得商品还不是特别满意，也不理解中差评的具体含义的情况下给予的中差评。

解决方法：应及时联系买家，并询问及协商修改中差评。

11.5.2　收到中差评的解决方法

中差评对一个卖家来说十分重要，它直接影响到卖家的好评率。遇到买家给中差评，应主动解决，争取在30天有效时间内使买家修改为好评。

具体解决方法总结如下：

- 查明原因：发生中差评后，一定要先查清楚是什么原因导致的，绝对不能贸然地打扰买家。

- 联系：使用旺旺、电话及时联系买家。

- 沟通态度：电话沟通的时候注意态度语气，以真诚打动买家。

- 沟通技巧：买家是否愿意修改，很大程度上也取决于你的沟通技巧。所以，最好事先周密组织你的思路和表达内容，沟通过程中的随机应变也很重要。

- 沟通时切忌为自己找理由，找借口，这样会给买家留下不良印象。

- 根据实际情况应变和调整，提出对买家造成损失的补偿。

　　当然，并不是所有的买家都会同意修改中差评，这时应以平常心对待。及时对中差评进行解释，以免其他买家误会。

　　对于恶意差评，卖家也应学会如何保护自己的店铺荣誉不受到损坏，及时收录旺旺聊天记录，为申诉进行举证。

提示： 评价修改或删除只有一次机会，且只能将中差评改为好评(或删除)，修改评价的同时请记得修改评语。好评是无法改成中差评，也是无法删除的。评价删除后将无法再次评价。

第 12 章

物流很重要

在淘宝开店，快递货物是很重要的一个环节，物流的选择对网店生意和信誉有很大影响，网上购物讲的是速度和安全，物流的好坏很大程度上决定了回购率及好评率。

12.1 选择物流

如何选择一家即省钱又省心的物流，一直是我们大多数卖家心烦的问题。

12.1.1 平邮

平邮是邮局一种比较普通而较慢的运送业务，一般 7 天到 30 天。平邮不像快递送货上门，邮递员事先会将通知单发送至你的家庭信箱或门卫，用户需要凭通知单和收件人身份证去就近邮局领取包裹。

12.1.2 快递

作为邮政业的重要组成部分，快递具有带动产业领域广、吸纳就业人数多、经济附加值高、技术特征显著等特点。它将信息传递、物品递送、资金流通和文化传播等多种功能融合在一起，关联生产、流通、消费、投资和金融等多个领域，是现代社会不可替代的基础产业。

随着电子商务及网络购物的发展，各快递公司也发展迅速。下面介绍几家常见的快递公司。

1．顺丰速运

顺丰速运网络全部采用自建、自营的方式。有国内同城件、国内省内件、省外件、香港件、即日件、次晨达、次日件。还可提供寄方支付、到方支付、第三方支付等多种结算方式。很多公司由于网点不统一，不能发到付件。即使可以发，收费往往也要贵上很多。

资费	首重 20 元/公斤，续重 10 元/公斤
赔付	最高赔付为运费的 6 倍，没有保价、无保价的分别，丢失或者破损的赔付是一样的

优点	服务好，速度快，安全，有独立的免费包装袋。价位与邮政 EMS 相当，有实力。顺丰专机派送的速度是又快又好。而且接件与后期操作都相当正规，服务与收费成正比
缺点	价格偏高，网点不够全面，业务范围多在南方地区。但是无论是卖家还是买家，网销网购的都要考虑成本，所以极少有卖家会选择

2．申通快递

申通快递是中国最大的民营快递公司，绝大部分经济发达的地方都有，可以基本满足电子商务的配送需求，运费和圆通等快递公司相近，浙江、上海、江苏三地次日送达。

公司分别在全国各省会城市(除台湾)以及其他大中城市建立起了 800 多个分公司，吸收 1100 余家加盟网点，全网络有员工 2 万多人。主要承接非信函、样品、大小物件的速递业务。主要经营市内件和省际件。

资费	首重 15 元/公斤，续重 3 元/公斤
赔付	丢失赔付：无保价，小于等于 1000 元 破损赔付：无保价，小于等于 300 元
优点	网点广，速度在 4 天内，价格适中，运输相对安全，很少有丢件，损件的事故价位低于顺丰，但还是高于其他众多快递。而且与其他除顺丰以外的快递相比，其网点分布广是其一个重要优势
缺点	服务质量一般

3．圆通速递

圆通速递的服务涵盖报关、报检、海运、空运进出口货物的运输服务，中转、国际国内的多式联运，分拨、仓储及特种运输等一系列的专业物流服务。提供国内件、国际间、限时服务。

资费	首重 8 元/公斤，续重 6 元/公斤
赔付	丢失赔付：无保价，赔付金额，小于等于 1500 元；有保价，保价率是 1%，赔付金额，小于等于 10000 元。 破损赔付：无保价，赔付金额，3～5 倍赔运费；有保价，保价率是 1%，赔付金额，小于等于 10000 元

续表

优点	价格便宜，速度在 3～4 天内
缺点	网点不够广泛，偶尔有丢件等情况，员工素质因人而异

4．韵达快递

韵达是具有中国特色的物流及快递品牌，结合中国国情，用科技化和标准化的模式运营网络。已在全国拥有一千余个服务规范的服务站点，致力于不断向客户提供富有创新和满足客户不同需求的解决方案。提供国内件和同城当天件。

资费	首重 10 元/公斤，续重 6 元/公斤
赔付	丢失赔付：无保价，赔付金额，小于等于 1000 元；有保价，保价率为 1%，赔付金额，小于等于 2000 元。 破损赔付：无保价，赔付金额，3 倍运费；有保价，保价率为 1%，赔付金额，小于等于 2000 元
优点	价格适中，速度一般 3～4 天
缺点	网点不是很多，服务质量一般

5．中通快递

公司的服务项目有国内快递、国际快递、物流配送与仓储等，提供"门到门"服务和限时(当天件、次晨达、次日达等)服务。同时，开展了电子商务配送、代收货款、签单返回、到付和代取件等增值业务。服务网点近 1800 个，分拨中心 36 个，运输、派送车辆 5000 多辆。

平价快递，速度一般。没有太明显的优惠，偏远地区价更高些。

6．天天快递

天天快递网络现有 20 余个集散中心，快递网络分布在国内 1200 多个城市，设有 3000 多个网点，形成了以珠江三角洲、长江三角洲、环渤海湾地区为重点的快递网络布局，为客户提供全年 360 天的服务。

网点少，价格也没有什么优惠，所以一般除买家指定外，基本没有用过。

12.1.3　EMS 发货

EMS 邮政特快专递服务。它是由万国邮联管理下的国际邮件快递服务，是中国邮政提供的一种快递服务。主要是采取空运方式，加快递送速度，根据地区远近，一般 1～8 天到达。该业务在海关、航空等部门均享有优先处理权，它以高速度、高质量为用户传递国际、国内紧急信函、文件资料、金融票据、商品货样等各类文件资料和物品。

邮政速递安全性高，提供全程跟踪查询，投递范围除涵盖国内所有地点外，还可与全球 100 多个国家通邮。民营快递行业规模小，在农村及偏远地区没有网点，不提供投递服务，使他们能够降低成本，价格上具有优势。同时由于业务量小，能加快中间环节处理速度，因此，在一些快递业务使用面广的地区，能达到快速投递的效果。总的来说，提供速递服务的大型企业均可提供邮件追踪功能、送递时限的承诺、客服服务及其他按客户需要提供的服务。因此，速递的收费比传统的邮政业务昂贵。

EMS 的优点：

- EMS 可以说是目前中国范围内最广的快递，到全国各大中城市均为 3～5 天，到县乡时间较市区为 4～7 天。
- 网络强大，全国 2000 多个自营网点，任何地区都能到达。
- EMS 限时速递，相当快。100 个城市之间的速递，能送货到手，但要另外加价。
- EMS 的货物丢失损坏率一直维持在千分之一以下，安全性高。
- EMS 为了保证客户服务质量，法定节假日均保持营业，365 天天天配送。

12.2　商品的包装

如今在淘宝开店，商品的包装不仅是为了保护商品在运输过程中避免受到损坏，还是为了提高商品价值，促进使用价值的实现。完整美观的包装，不仅能愉悦买家，还能为店铺品牌起到宣传作用。

12.2.1　包装常用材料

包装材料是包装的物质基础，是包装功能的物质承担者。网店出售的商品主要包装有纸箱、胶带、防震材料、快递袋及警示贴纸。

1．纸箱

只要尺寸合适，纸箱几乎可以作为所有商品的外包装，购买成本是包装材料里较高的，但其防护作用比较好。选择纸箱时应注意比货物外形尺寸略大，如图 12-1 所示为纸箱包装材料。

图 12-1　纸箱

2．胶带

封箱胶带一般用于封箱或封闭其他包装口，封箱胶带特点：高抗拉升力、质轻、无毒无味、环保、防止运输过程中产品外漏或破损。

包装胶带包括透明胶带，带有标示语的胶带等多种。商家还可在胶带上面印上企业的商标 LOGO 以及企业名称等，不仅可提升品牌形象，更重要的是达到一种广而告之的效果，如图 12-2 所示。

图 12-2　胶带

3．防震材料

常用的防震材料有气泡膜、珍珠棉、泡沫板和气泡袋等，可对产品起防震、防湿、缓冲、保温等作用，如图 12-3 所示为使用防震材料包装的商品。其他辅助填充物有报纸、杂志和碎泡沫。

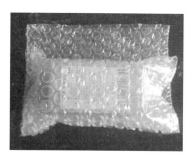
气泡膜包装

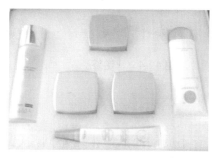
珍珠棉包装

泡沫板包装

气泡袋包装

图 12-3　使用防震材料包装的商品

填充物的选择标准是体积大、重量轻。

4．快递袋

快递袋可以用于无须纸盒包装的产品或者可以套在纸箱外面用于防水防污作用，如图 12-4 所示。

5．警示贴纸

用于封口处的提示标语。对于易碎物品，使用安全警示贴纸能更好起到提示作用，如图 12-5 所示。

图 12-4　快递袋

图 12-5　警示贴纸

12.2.2　分类包装

对于不同的商品，采用不同的包装，不仅能更大程度地保护商品不被损坏，还能节约包装成本。

1．易变形、易碎的产品

对于易变形、易碎的产品，包装时使用防震材料包裹可以缓和撞击。选用防震材料时应尽量选择重量轻、体积大的填充。对于易损坏的部位应重点包装。

2．衣服、包袋、鞋子类产品

这类产品在包装时应注意防水防污。包袋、鞋子类产品为保证其不变形，可在内填充报纸等填充物。

3．液体类产品

液体类产品可用气泡膜裹好，再用胶带缠好，并有塑料袋做最后的保护。

4．电子产品

对包括电话、手机、电脑、显示器等怕震动的电子产品进行包装时，可以用泡绵、气泡布、防静电袋等包装材料把物品包装好，并用瓦楞纸在商品边角或者容易磨损的地方加强包装保护，并且要用填充物将纸箱空隙填满，这些填充物可以阻隔及支撑商品，吸收撞击力，避免物品在纸箱中摇晃受损。

提示：用填充材料将纸箱内空隙塞满，以封盒后摇晃无声音为宜。

12.2.3　包装技巧

所谓细节表明态度，包装讲究一些技巧，下面学习包装技巧。

- 产品种类多的应分类包装，可用自封袋装小件产品，并为每件物品都准备充足的缓冲材料，这样可以方便客户收货时清点。

- 放入纸箱时，应分类摆放整齐，先大后小，先重后轻。

- 纸箱包装时，使用一个新的坚固的箱子，并使用缓冲材料把空隙填满，但不要让箱子鼓起来。如果是旧箱子要把以前的标签移除，而且一个旧箱子的承重力是有一定折扣的，需要确保它足够坚固。

- 胶带封箱时，应将箱口两侧压平，使封口处缝隙平直，再用宽大的胶带以十字交叉的方法拉紧，最后将快递单贴在上口开封处。

- 在包装内附以包括印有店铺信息的卡片、售后服务卡、会员卡等店铺信息卡，方便顾客有问题时可以及时联系，增进二次销售、为店铺做宣传等。还可附上感谢信、致歉信和其他宣传材料等。

12.3　发货的基本知识

12.3.1　选择适合的物流

物流的选择虽然很多，但是如何才能选择合适的物流，即节约成本，又保证交易的顺利完成。

从买家的角度出发，卖家应该为买家所购买的货物做全方位的考虑，包括运费、安全度、运送速度、是否有关税等。

尽量在满足物品安全度和速度的情况下，为买家选择运费低廉的服务。

商品运输无须精美的外包装，重点是安全快速地将售出的商品送达买家手中。

即使拥有再多的经验，也无法估计所有买家的情况，所以把选择权交给买家更为合适。只需要在物品描述中表明所支持的运输方式，再确定一种默认的运输方式，那么如果买家有别的需要自会联系卖家。

有的买家可能适合多种运送方式，卖家可以写出常用的方式及折扣，为买家省去部分运费，也为卖家挣得更多的回头客。

12.3.2 快递如何省钱

快递业务发展完善，其服务一流，包裹由专人上门收取，专人指导你填写邮寄的单据，而且可以通过网络、电话等随时查询包裹的位置和状态。

如何在选择快递时省钱，可注意以下几个方面：

- 不同的快递公司收费不一样，建议索取快递公司报价单，发货之前相互比较一下，做到价比三家，选择价格最低的快递公司。

- 部分快递公司对重量的要求很严格，有时候超重一点点却要多收一份费用，所以最好自备小秤，有时候超重一点的话自己拿出点填充物。

由于快递公司的快递员收取包裹都是可以提成的，所以服务态度特别好，可以不厌其烦地为你解答提问、帮助查询，感觉很贴心，但有几点要特别注意：

- 部分快递公司在快递单背面的"服务契约"注明："若邮寄人未购买保险，按遗失部分运费的 3 倍赔偿。"这是明显的"霸王"条款，经常在论坛上看到快递包裹丢失的文章，所以如果快递贵重物品，如手机、相机、MP3、MP4 等数码产品一定要谨慎。如果每月快递量大，可与快递公司单独签订赔偿合同，合同中规定：如货物丢失要求对方按实际价值赔偿。

- 如果你卖的是液体商品，则要注意液体不能走空运，发货前最好和业务员说清楚，并在快递单的显著位置注明"本品是液体"，以便快递公司安排其他运送方式。液体过安检是很容易被查出来的，千万不要抱着侥幸心理，不然会出问题的——被安检查出来的东西会被罚扣，快递公司会被处罚，业务员会被扣钱。

12.3.3 全国服务网点的查询

进入相应快递的网站，查询全国服务的网点，才能确保在发货时选择合适的快递。

下面以圆通速递为例，学习如何查询该快递的全国服务网点。

01　登录圆通速递网站，单击"网点分布查询"图标，如图 12-6 所示。

02　在打开的窗口上方设置省市，或者在地图上单击要查询的地区。以湖南省为例，在地图上单击"湖南"按钮，如图 12-7 所示。

图 12-6　单击"网点分布查询"图标

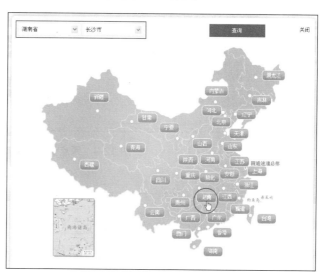

图 12-7　单击"湖南"按钮

03　在切换的界面中即可查看湖南省的所有网点，单击任意网点链接，如图 12-8 所示。

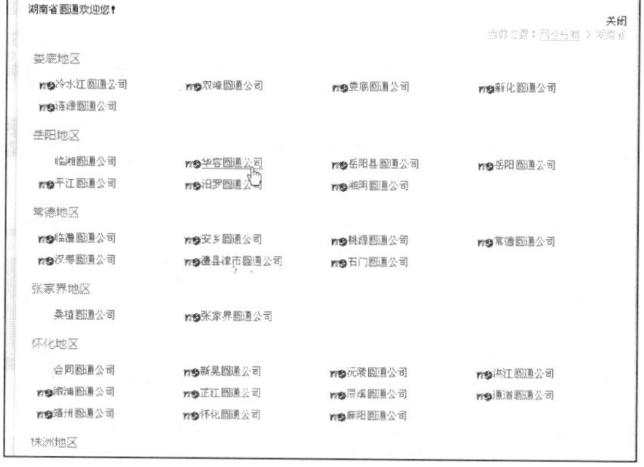

图 12-8　单击网点链接

04 弹出窗口，显示该网点的具体信息，如图 12-9 所示。

湖南省岳阳市华容县圆通欢迎您！

关闭

当前位置： 网点分布 > 湖南省 > 华容圆通公司

所在地区：	岳阳市
经理：	王尚红
传真号码：	-
E-mail：	
MSN联系：	
查询电话：	0730-3102380
派送范围：	县城（城关镇）
不派送范围：	其它乡镇不派送
24小时件：	24
特殊服务：	可以做到付
备注：	
修改时间：	

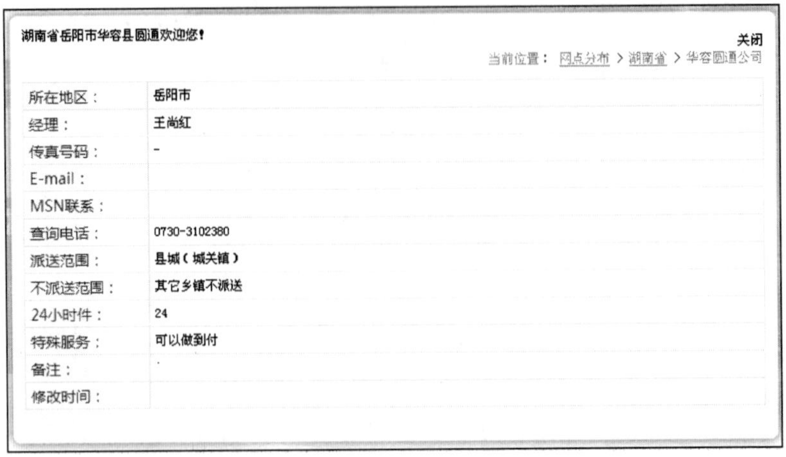

图 12-9　网点查询资料

12.3.4　快递发货的注意事项

发货前先查询你发货的收件地址，是不是在你选择的快递公司的快递范围，一定要确认每一个快递公司是否送货上门。并且提醒买家把地址写详细，包括详细地址、收货人的姓名、手机号码等，发货前先把快递单填好，同时要注意快递超重问题。发货后一定要在电脑上确认发货以及旺旺告之客户快递单号。此外一定要提醒买家当着快递员的面先检查再签收。

12.3.5　物流跟踪

发货后，快递公司会提供一个快递单，卖家可根据快递单号到相应快递的网站查询快递信息，实时跟踪了解物流详情。下面以圆通速递为例，讲解如何进行物流查询。

01 登录圆通速递网站，在快件查询处输入快递单号，并在下方输入验证码，然后单击“追踪”按钮，如图 12-10 所示。

02 在打开的新的页面中即可查看物流的信息，如图 12-11 所示。

图 12-10　单击"追踪"按钮

图 12-11　物流的信息

12.3.6　同城交易

同城交易也就是线下交易，当买家与卖家在同一个城市而提出的自取货物。

若卖家与买家是进行同城交易且不通过物流运输，双方自行提货或送货的，卖家在发货时请选择"无须物流"，并保管好与买家的旺旺聊天记录及见面交易签收凭证，避免后续因买家不诚信而导致的损失。

第 13 章　网店的金牌客服

客服代表店铺，宾至如归的服务才能让客户满意而归，从而能留住更多回头客。

13.1　网店客服

客户服务等同于商品的一部分价值，在网店的推广、产品的销售，以及售后的客户维护方面均起着极其重要的作用。

13.1.1　什么是网店客服

网店客服是网店的一种服务形式，通过网络提供给客户解答和售后等的服务。网店客服对网络有较高的依赖性，所提供的服务一般包括：客户答疑、促成订单、店铺推广、完成销售、售后服务等几大方面。旨在让淘宝掌柜更高效地管理网店、及时把握商机消息，从容应对繁忙的生意。

一般小规模的网店，往往一人身兼数职，对客服并没有进行细分，但有些较有规模的网店则往往实行较细的分工，网店客服的分工达到相当细致的程度：有通过旺旺、电话解答买家问题的客服；有专门的导购客服，帮助买家更好地挑选商品；有专门的投诉客服，处理客户投诉；有专门的推广客服，负责网店的营销与推广；有专业做仓储物流保障的客服等。

13.1.2　网店客服须知

沟通环节是客户对产品了解的一个过程，也是客户享受客户服务的一个综合环节。

网店客服为做好网店用户体验，必须知道以下几点。

1．丰富的专业知识

对于自己所经营的产品具有一定的专业知识，这个是岗位的基本要求。顾客在决定是否购买的时候，很可能需要很多你没有提供的信息，他们随时会在网上提出，你应及时并耐心地回复。

2．良好的心理素质

在客户服务的过程中，网店客服承受着各种压力、挫折，因此要具备良好的心理素质。

3．谦和的态度

一定要有一个谦和的态度，谦和的服务态度是能够赢得顾客对服务满意度的重要保证。

4．良好的自控力

自控力就是控制好自己的情绪。客服作为一个服务工作，首先自己要有一个好的心态来面对工作和客户，客服的心情好了也会带动客户。毕竟网上形形色色的人都有，有好说话的，也有不好说话的，遇到不好说话的，就要控制好自己的情绪，耐心的解答，有技巧的应对。

5．敏锐的观察力和洞察力

网店客服人员还应该具备敏锐的观察力和洞察力，只有这样才能清楚地知道客户购买心理的变化。了解了客户的心理，才可以有针对性地对其进行诱导。

6．高超的语言沟通技巧和谈判技巧

优秀的客户服务员还应具备高超的语言沟通技巧及谈判技巧，只有具备这样的素质，才能让客户接受你的产品并在与客户的价格交锋中取胜。

7．热情主动的服务态度

客户服务人员还应具备对客户热情主动的服务态度，充满了激情，让每位客户感受到你的服务，在接受你的同时来接受你的产品。

13.2　售前客服

一个完整的销售流程应当至少包括售前服务、售中服务和售后服务三个部分。售前服务是营销和销售之间的纽带，它起到刺激顾客购买欲望的工作，因此售前客服作用至关重要，不可忽视。

13.2.1　了解顾客心理及顾虑

网店要吸引更多的顾客，就要解除顾客的后顾之忧。一般的顾客在决定购买某一种产品而尚未决定购买某种品牌之前，会向客服咨询，只有消除顾客的顾虑包括顾客对商品成交的数量，价格等问题的一些想法及如何付款，选择什么样的付款方式等，才能成功拿下订单。顾客根据自己的需求，到商店去购买消费品，在这一行为中，心理上会有许多想法，驱使自己采取不同的态度，它可以决定成交的数量甚至交易的成败，因此我们对顾客的心理必须予以高度重视。

1．求实心理

这是顾客特别是我国消费者普遍存在的心理动机。他们购买物品时，首先要求商品必须具备实际的使用价值，讲究实用，不强调商品的美观悦目，这类顾客主要以家庭妇女和低收入者为主。因此售前客服在解答买家疑问时，应突出产品实惠、耐用等实用价值。

2．求方便的心理

图方便、省时省力是现在消费群体网购行为的最主要动机之一。网上商店的服务范围不局限在某个固定的区域内，可以通过网上商店买到世界各地的商品；其次，网络提供了更多更全面的信息，而且更新速度非常快，查找也很方便。网上店铺不仅有商家对商品的描述，也有已买过商品的顾客的评价,有一定的可信度；最后，网上购物的操作简单快捷，支付方式也很灵活，可以直接网上支付也可以货到再付款，消费者就只等商家送货上门，即使货物不满意，也可以要求退货、换货。应对这种心理，客服则会相对轻松。

3．疑虑心理

这是一种瞻前顾后的购物心理动机，其核心是怕上当吃亏。他们在购买物品的过程中，对商品质量、性能、功效持怀疑态度，怕不好使用，怕上当受骗，满脑子疑虑，因此反复向卖家询问，仔细地检查商品，并且非常关心售后服务工作，直到心中的疑虑解除后才肯掏钱购买。客服和这类顾客打交道时，要说明自己确实存在，产品的质量经得起考验，如果出现质量问题可以退货。

4．求新心理

这是追求商品超前和新颖为主要目的的心理动机。买家购买物品重视时髦和奇特，好赶潮流。对于商品是否经久耐用，价格是否合理等因素不大考虑。其实，这类顾客多数时候也是最没有主见的，很容易受到别人引诱，只要稍加劝诱，就容易使他们下定购买的决心。

5．求名心理

这是一种显示自己地位和威望为主要目的的购买心理。他们特别重视商品的品牌，牌子要响亮，以此来炫耀自己的社会地位和购买力。这部分顾客消费动机的核心是显名和炫耀，同时对名牌有一种安全感和信赖感，觉得其质量信得过，不容易上当受骗。专业的客服善于利用顾客的求名心理做生意。

6．求廉心理

这是一种少花钱多办事的心理动机，其核心是廉价和低档。这类顾客在选购商品时，往往要对同类商品之间的几个差异进行仔细地比较，还喜欢选购折价或处理商品。有些希望从购买商品中得到较多利益的顾客，对商品的花色和质量很满意，爱不释手，但由于价格较贵，一时下不了购买的决心，便讨价还价。应对这类消费者，客服应该做好讨价还价的准备。

7．从众心理

这是一种仿效式的购买心理动机，其核心是不甘落后或胜过他人，他们对社会风气和周围环境非常敏感，总想跟着潮流走。当看见许多人正在抢购某种物品，就极容易加入抢购者的行列，至于这种商品是否值得购买，总是在买到之后才想到这个问题。有这种心理的顾客多为女性，她们平时总是留心观察周围人的打扮，喜欢打听别人购物的信息，并从而产生模仿心理和暗示心理。她们还极容易接受别人的劝说。

8．隐秘性心理

有这种心理的人，购物时不愿为他人所知，常常采取秘密行动。他们一旦选中某件商品，而周围无旁人观看时，便迅速成交。女青年购买卫生用品，男青年为异性朋友购买女性用品，常有这种情况。国外一些政府官员或大富商购买高档商品时，也有类似情况，所以像性用品之类的在网上销售有很大的市场。客服也应在询问或解答时注意保护买家的这种隐秘心理。

9．安全心理

有这种心理的人，他们对欲购的物品要求在使用过程中和使用以后必须保障安全，尤其像食品、药品、洗涤用品、卫生用品、电器和交通工具等，不能出现任何问题，因此非常重视食品的保鲜期、药品有无副作用、洗涤用品有无化学反应、电器用具有无漏电现象等。在客服解说后，才能放心地购买。

10．猎奇心理

猎奇心理是人们对新奇事物或现象产生注意和爱好心理倾向，简而言之就是好奇心。具有这种心理的顾客，大多喜欢新的消费品，寻求商品新的质量、新的功能、新的花样、新的款式，追求新的乐趣、新的享受和新的刺激。对于这类顾客，客服需要强调商品的新颖独特，唤起他们的购买欲望，并赞赏他们有远见，识货。

13.2.2 售前客服技巧

1．招呼的技巧

在买家咨询的第一时间，热情快速地回复买家，因为买家买东西都会货比三家，可能同时和好几家联系，这时候谁第一时间回复，谁就占了先机。

2．询问回答的技巧

当买家询问店里的商品时，客服人员应做到细致缜密。如果有货，则可以跟客户介绍这个商品的优点好处等。如果被询问的商品已经无货了，则应注意回答的技巧，即使没货也可向客户推荐其他商品。

3．推荐的技巧

推荐商品时应体现专业，精确推荐。面对不同需求的买家推荐不同的商

品，才能使买家觉得卖家为他挑选了合适的商品，而不是单纯为了商业利益。

4．议价的技巧

面对议价时，应委婉地告诉客户物有所值，一分价钱一分货，要告诉买家需要综合考虑的，不只是要看商品，还要看包装品质、价格、品牌、售后等。再以退为进，答应赠送小礼品或优惠券等，从而促成交易。

5．核实的技巧

买家付款后，在买家下线前，把订单中的买家信息发给买家，让买家确认下，避免出错，这样就会加快快递速度，也给客户留下认真负责的印象。

6．跟进的技巧

收到宝贝被拍下但是还没有付款的情况下，这时候要做到及时跟进，根据旺旺或订单里的信息联系买家，并提醒买家及时付款即可当天发货。

7．道别的技巧

买卖成交的情况下，客服可以简单大方地结束话题，如：谢谢您的惠顾，您就等着收货吧，合作愉快，就不打扰您了。

若买卖没有成交的情况下，客服也应客气地回答。

13.3　售中客服

买家付款后还会有很多顾虑，如何时发货，何时到货。面对买家的这些询问，客服都应及时地回复，打消买家顾虑，直到商品安全送达到买家手上。

售中客服技巧

下面讲解售中客服技巧。

1．发货后及时告知

发货后，客服可以通过旺旺，最好是站内短信及时告知客户，让买家踏实。当然若条件可以，还可以使用手机短信告知。

2．物流反馈

在推算正常快递快到的情况下，提醒买家在接到货品时务必与快递员当面核对商品的种类、数量、规格、赠品、金额等是否与订单一致，准确无误后再进行签收。若未能正常到达，客服则可以帮买家查询物流情况，并做好解释，即便有时候会延误，相信很多买家也会谅解。

3．售后声明

很多买家都担心收到货后和实际描述的不一样，所以售后问题也是买家比较关心的问题，尤其是货收到后不喜欢怎么办？有质量问题又怎么办？对于退换货的问题要事先声明相关的原则和退换货流程，在交易之前要求买家阅读并确认该原则和流程，以避免日后出现交易纠纷。

13.4 售 后 客 服

做好售后沟通，用诚心打动每一个客人。完善周到的售后服务是生意保持经久不衰的非常重要的筹码，不定期地与客户保持联系，做好客户管理工作。

13.4.1 售后客服技巧

售后是整个交易环节中的关键环节之一。

1．确认收货后回访

买家签收后，及时回访跟踪信息询问买家的意见。对买家的意见，及时解释处理，并答复在以后的工作中改进。

2．感谢好评

我们在收到好评后，要及时回复买家，感谢买家的支持。对于部分买家对交易并不满意，对物流速度不满意等而勉强给个好评的评价，也应在评价中做出解释，希望买家理解，并承诺会在以后的工作中改进，这样买家看到了心理上也会有一种认同感。

3．认真退换货

在交易过程中，难免部分商品质量会出现问题，或者如果是运输损坏的情况，这时应主动承担，答应给予买家退换货的服务。

4．管理买家资料

完整交易后，为方便下次沟通，需要客服做好买家资料的整理，比如买家的联系方式、货物发出和到货时间等。

5．贴心提醒

对部分商品的保养、洗涤等应做出专业贴心的提醒，以免错误的操作导致商品不能使用，或者使用寿命减短。

13.4.2　退换货的处理

对于退换货，客服应该快速处理、满意处理，把售后成本降低到最小。

1．商品丢失

卖家提醒买家收货前确保包装的完整性或商品的完整性，若出现商品丢失而买家已经签收则应当由买家负责。当然，对于贵重商品，卖家应给快递保价，或给商品购买保险。

2．质量问题

当买家以商品质量问题要求退换货时，则应用事实说话。对于出现质量问题的商品，需要买家拍照，卖家给予核实。若不肯拍照的买家，或拍照无任何质量问题的，一律按照无理由退换货的规定处理。若确属质量问题，则应马上向买家道歉，并且承诺退换货，来回的邮费都由卖家承担。尽最大的诚意让顾客感受到卖家对顾客的负责。

3．尺码颜色的不合适

客户购买时，若选择的尺码不合适或颜色不满意的情况下要求的退换货，客服可讲明退换的来回邮费都应由买家自己承担，且不支持到付件。待货物退回后，则给予换货或退款。

13.4.3　面对投诉

由于买家的性格各异、运输能力的限制、地域的限制等各种原因，在淘宝做买卖避免不了投诉，遭遇买家投诉的时候能和平解决就和平解决，居心不良或顽固买家我们也不能妥协。

13.4.4　处理差评

无论买家对错首先安抚买家情绪，以最短的时间处理中差评。淘宝网规定，有一方给出中评或差评，双方互评后会有 48 小时的协商期，此时只有交易双方看到此评价，48 小时后评价才会在全网显示。因此收到买家中差评，应该及时与买家沟通协商，如达成一致，则可以在评价后的 30 天内，请买家修改评价。若超过 30 天自助修改期买家未修改差评，卖家还可以对该评价进行解释，表示诚恳、谦卑的态度。

01　登录"我的淘宝"页面，在左侧栏中单击"评价管理"链接，如图 13-1 所示。

02　单击"来自买家的评价"按钮，选择需要解释的评价，单击"解释"按钮即可对收到的评价进行解释，如图 13-2 所示。

图 13-1　单击"评价管理"链接　　　　图 13-2　单击"解释"按钮

13.5　了解保障性的服务

目前消费者保障服务分为：消费者保障服务、7 天无理由退换货、假一赔三、交易约定类服务。其中，消费者保障服务为基础消保服务；7 天无理由退换货、假一赔三为特色消保服务，卖家可以根据店铺情况自愿参加；交易约定是指卖家在加入消费者保障服务的基础上，就其经营的商品或其服务自愿为买家提供的承诺服务。

13.5.1 "消费者保障"服务

淘宝消保,全称为"消费者保障"服务。是淘宝网推出的旨在保障网络交易中消费者合法权益的服务体系,如图 13-3 所示。

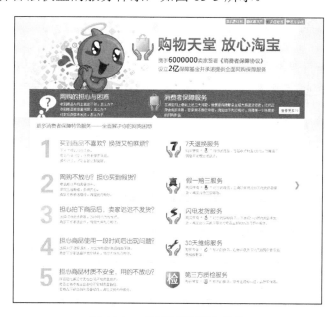

图 13-3 "消费者保障"服务

加入"消费者保障服务"的优势:

- 在您的商品上加上特殊标记,并有独立的筛选功能,让您的商品可以马上被买家找到。
- 拥有相关服务标记的商品,可信度高,买家更容易接受。
- 为提高交易质量,淘宝网单品单店推荐活动只针对消保卖家开放。
- 淘宝网橱窗推荐位规则针对消保卖家有更多奖励。
- 淘宝网抵价券促销活动只针对消保卖家开放。
- 淘宝网其他服务优惠活动会优先针对消保卖家开放。

13.5.2　"如实描述"服务

商品如实描述是加入消费者保障服务的必选项。"商品描述"是指由卖家做出的与商品本身有关的信息描述属实，卖家对此负有证明责任。若卖家未能履行该项承诺，则淘宝有权依据本规范及其他公示规范的规定，对由于卖家违反该项承诺而导致利益受损的买家进行先行赔付。

有效的"商品描述"涵盖以下内容：

- 卖家在发布宝贝时选择及填写的所有与商品本身有关的信息，包括图片，这些信息是买家可以在该宝贝的详情页面上看到的，不包括商品功效信息以及商品货源渠道信息描述。

- 买卖双方在交易过程中利用旺旺进行沟通时，卖家就商品本身、邮费、发货情况、交易附带物件向买家描述的内容也属于有效的"商品描述"范围(阿里旺旺是淘宝官方认可的聊天工具，其他聊天工具所记载的聊天记录仅能作为判定的参考依据，但买卖双方能够提供其他有效证据证明为二者真实聊天记录的除外)。

- 卖家有义务对商品本身存在的瑕疵承担责任，除非卖家已事先进行了瑕疵描述，否则，如果商品存在瑕疵且买家举证有效，淘宝将有权依据本规范及其他公示规范的规定支持买家的先行赔付请求，并对卖家进行处罚。

13.5.3　"7天无理由退换货"服务

卖家使用淘宝提供的技术支持及服务向其买家提供的特别售后服务，允许买家按本规范及淘宝网其他公示规范的规定对其已购特定商品进行退换货。具体为，当淘宝网买家使用支付宝服务购买支持"7天无理由退换货"的商品时，在签收货物(以物流签收单时间为准)后7天内(如有准确签收时间的，以该签收时间后的168小时为7天；如签收时间仅有日期的，以该日后的第二天零时起计算时间，满168小时为7天)，若因买家主观原因不愿完成本次交易，卖家有义务向买家提供退换货服务。若卖家未履行其义务，则买家有权按照本规范向淘宝发起对该卖家的投诉，并申请"7 天无理由退换货"赔付，如图 13-4 所示。

图 13-4　"7 天无理由退换货"服务

需同时符合以下条件，方可根据本协议规定申请 7 天无理由退换货服务，但淘宝不承诺每位符合条件的申请者都能审核通过：

- 已依据《消费者保障服务协议》的约定成功缴纳保证金 1000 元以上(含 1000 元)，且不存在《消费者保障服务协议》约定的基础保证金需翻倍增加的情形。
- 前一个自然月内因未履行消费者保障服务承诺被投诉笔数小于 5 笔。
- 前一个自然月内超时退款率低于当月在淘宝社区论坛公布的同行业平均值。
- 店铺虚拟商品交易信用比例低于 5%。
- 无发布违法、违规商品或信息的处罚记录。

申请时间符合以下要求(选择适用)：

- 距离最近一次收到"系统审核不通过"通知已满七(7)日。
- 距离最近一次收到"人工审核不通过"通知，或主动退出 7 天无理由退换货服务已满三十(30)日。
- 距离最近一次被强制清退 7 天无理由退换货服务已满九十(90)日。
- 其他淘宝认为需满足的条件。

13.5.4 "假一赔三"服务

"假一赔三"服务指卖家使用淘宝提供的技术支持及服务向其买家提供的特别售后服务，允许买家按本规范及淘宝网其他公示规范的规定对已购得的商品认定为假货的前提下，要求卖家三倍赔偿。具体为，当买家使用支付宝购买支持"假一赔三"服务的商品，在收到货物后，如买家认为该商品为假货，且在买家直接与卖家协商未果的前提下，买家有权按本规范向淘宝发起对该卖家的投诉，并申请"假一赔三"赔付，如图 13-5 所示。

图 13-5　"假一赔三"服务

需同时符合以下条件，方可根据本协议规定申请假一赔三服务，但淘宝不承诺每位符合条件的申请者都能审核通过：

- 依据《消费者保障服务协议》为使消费者得到更好的购物保障，假一赔三除了基础保证金外，需另缴 3000 元特色服务保证金。
- 前一个自然月内因未履行消费者保障服务承诺被投诉笔数小于 5 笔。
- 前一个自然月内超时退款率低于当月在淘宝社区论坛公布的同行业平均值。
- 店铺虚拟商品交易信用比例低于 5%。
- 无发布违法、违规商品或信息的处罚记录。

申请时间符合以下要求(选择适用)：

- 距离最近一次收到"系统审核不通过"通知已满七(7)日。

- 距离最近一次收到"人工审核不通过"通知，或主动退出假一赔三服务，或因收到保证金催缴单而未在十四(14)日内足额缴纳导致退出假一赔三服务已满三十(30)日。

- 距离最近一次被强制清退假一赔三服务已满九十(90)日。

- 卖家信用度高于 1 钻(251)，好评率高于 98%。

- 其他淘宝认为需满足的条件。

13.5.5　"数码与家电 30 天维修"服务

在淘宝网的买家使用支付宝服务，购买接受本规范的卖家销售的下列商品的交易成功后 30 天内，卖家应向买家无条件提供免费维修服务，否则买家有权在确认卖家不提供该服务后的 15 天内，按本规范向淘宝提出对该卖家的投诉，并在符合本规范有关规定的情况下，在如下所述的保证金有剩余的前提下，请求淘宝使用该剩余保证金按本规范解决投诉，如图 13-6 所示。

图 13-6　"数码与家电 30 天维修"服务

申请加入"数码与家电 30 天维修"服务的卖家，必须同时符合以下条件：

- 申请服务前一个自然月内，消保被投诉笔数小于 5 笔。

- 申请服务前一个自然月内，退款客服介入笔数占支付宝交易笔数的比例，低于当月在社区公布的同行业平均值。

- 虚拟物品信用占比低于 5%。

- 从未因出售禁售品而被处罚。

第14章

电脑防护知识

网店交易中会涉及很多交易信息，如支付宝的账户信息、银行信息等。针对目前用户从登录购物网站到选择商品，再到与卖家沟通、付款，每个环节都有可能潜伏着安全风险这一问题，卖家需要普及安全知识，关注最新的网络安全动态，借助专业工具，才能防患于未然。

14.1　电脑安全防护

由于网购市场庞大且高速增长，又和网上支付直接关联，成为很多不法人士攻击的新目标。电脑需要重要防护才能确保网店的正常运营，因此安全防护成为新手卖家必修技能。

14.1.1　杀毒软件

杀毒软件，也称反病毒软件或防毒软件，是用于消除电脑病毒、特洛伊木马和恶意软件等计算机威胁的一类软件。杀毒软件通常集成监控识别、病毒扫描与清除和自动升级等功能，有的杀毒软件还带有数据恢复等功能，是计算机防御系统的重要组成部分。

杀毒软件对被感染的文件杀毒有多种方式。

- 清除：清除被蠕虫感染的文件，清除后文件恢复正常。相当于如果人生病，清除是给这个人治病，而删除是人生病后直接杀死。

- 删除：删除病毒文件。这类文件不是被感染的文件，文件本身就含毒，无法清除，可以删除。

- 禁止访问：禁止访问病毒文件。在发现病毒后用户如果选择不处理，则杀毒软件可能将禁止访问病毒文件。用户打开文件时会弹出错误对话框，内容是"该文件不是有效的 Win32 文件"。

- 隔离：病毒删除后文件转移到隔离区。用户可以从隔离区找回被删除的文件。隔离区的文件不能运行。

- 不处理：不处理该病毒。如果用户暂时不知道是不是病毒可以暂时先不处理。

大部分杀毒软件是滞后于计算机病毒的。所以，除了及时更新升级软件版本和定期扫描的同时，还要注意充实自己的计算机安全以及网络安全知识，做到不随意打开陌生的文件或者不安全的网页，不浏览不健康的站点，注意更新自己的隐私密码，配套使用安全助手与个人防火墙等，这样才能更好地维护好自己的电脑以及网络安全。

常用的杀毒软件有 360 杀毒、金山毒霸、瑞星杀毒、江民杀毒等，下面对这些杀毒软件进行简单介绍。

1．360 杀毒

360 杀毒是永久免费、性能超强的杀毒软件，中国市场占有率第一。360 杀毒轻巧快速、查杀能力超强、独有可信程序数据库，防止误杀，依托 360 安全中心的可信程序数据库，实时校验，为您的电脑提供全面保护。其操作界面如图 14-1 所示。

图 14-1　360 杀毒操作界面

2．金山毒霸

金山毒霸是金山公司推出的电脑安全产品，监控、杀毒全面、可靠，占用系统资源较少。其软件的组合版功能强大，集杀毒、监控、防木马、防漏洞为一体，是一款具有市场竞争力的杀毒软件，如图 14-2 所示为金山毒霸的下载页面。

3．瑞星杀毒

瑞星杀毒监控能力是十分强大的，但同时占用系统资源较大。瑞星采用第八代杀毒引擎，能够快速、彻底查杀大小各种病毒，这是全国顶尖的：拥有后台查杀、断点续杀、异步杀毒处理、空闲时段查杀、嵌入式查杀、开机查杀等功能；并有木马入侵拦截和木马行为防御，基于病毒行为的防护，可以阻止未知病毒的破坏。如图 14-3 所示为瑞星杀毒软件的下载页面。

图 14-2　金山毒霸的下载页面

图 14-3　瑞星杀毒软件的下载页面

4．江民杀毒

江民杀毒是一款老牌的杀毒软件了。它具有良好的监控系统，独特的主动防御使不少病毒望而却步。江民的监控效果非常出色，可以与国外杀毒软件媲美，占用资源不是很大，是一款不错的杀毒软件。

14.1.2　开机密码

在电脑上设置开机密码，可以有效阻止外来的侵入。设置了密码后，以后每次开机的时候都会要求输入开机密码，下面讲解开机密码的设置方法。

01　单击"开始"菜单，选择"控制面板"选项，如图 14-4 所示。

02　在弹出的窗口中单击"用户账户"选项，如图 14-5 所示。

图 14-4　选择"控制面板"选项

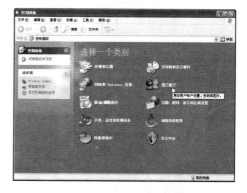

图 14-5　单击"用户账户"选项

03　打开"用户账户"窗口，选择账户，如图 14-6 所示。

图 14-6　选择账户

04　打开新的界面，单击"创建密码"，如图 14-7 所示。

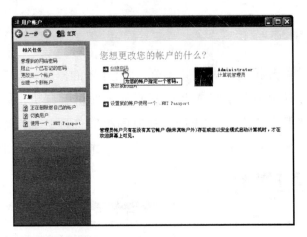

图 14-7 单击"创建密码"

05 设置好密码后单击"创建密码",密码设置完成,如图 14-8 所示。

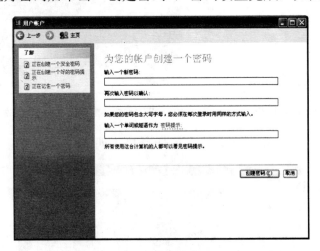

图 14-8 设置密码

14.1.3 安全浏览器

木马已经取代病毒成为当前互联网上最大的威胁,90%的木马用挂马网站通过普通浏览器入侵,每天有 200 万用户访问挂马网站中毒。安全浏览器拥有恶意网址库,采用恶意网址拦截技术,可自动拦截挂马、欺诈、网银仿冒等恶意网址。

一般的杀毒软件公司都会有相应的安全浏览器,如图 14-9 所示为 360 安全浏览器。

图 14-9　360 安全浏览器

14.1.4　清除垃圾文件

及时清理电脑中的垃圾文件不仅能释放内存，还可以减少安全隐患。

01　执行"开始"|"所有程序"|"附件"|"系统工具"|"磁盘清理"命令，如图 14-10 所示。

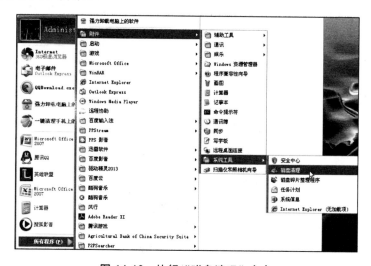

图 14-10　执行"磁盘清理"命令

02　在弹出的窗口中选择驱动器，单击"确定"按钮，如图 14-11 所示。

03　弹出"磁盘清理"窗口，如图 14-12 所示。

图 14-11　单击"确定"按钮

图 14-12　弹出"磁盘清理"窗口

04　在打开的窗口中选择要删除的文件，然后单击"确定"按钮，如图 14-13 所示。

05　弹出提示对话框，单击"是"按钮，如图 14-14 所示。

图 14-13　单击"确定"按钮

图 14-14　单击"是"按钮

06　系统开始进行磁盘清理，如图 14-15 所示。

图 14-15　磁盘清理

14.2　防范黑客攻击

黑客攻击会造成电脑资料的泄露，破坏电脑程序，因此网店卖家要学会防范黑客的攻击。

14.2.1　综合防范措施

下面介绍一些综合防范措施：

● 安装一个可靠的、干净的系统，并做好 Ghost 备份。重装系统时要注意防止重复感染。

● 安装杀毒软件和个人防火墙、更新升级、全盘扫描。

● 安装一个工具软件，如 360 安全卫士、瑞星卡卡、超级兔子等，把系统的漏洞补丁打全，清理恶意代码、木马、恶评插件，但是应还注意安全卫士等仅仅是个工具软件，不能代替杀毒软件。

● 养成良好的使用习惯，如使用 U 盘前先查杀病毒，不轻易双击 U 盘盘符；不随意浏览不良网站或不熟悉的网站；不随意下载安装不明软件或电子邮件附件；经常升级杀毒软件，杀毒、清理系统垃圾；重要数据经常做备份等。

● 设置各账户密码、电脑密码等时，尽量使用复杂的密码。

● 对于光盘上带有的病毒，不要试图直接清除，这是因为光盘上的文件都是只读的原因导致的。同时，对另外一些存储设备查杀病毒的，也需要注意其是否处于写保护或者密码保护状态。

14.2.2　禁止所有磁盘自动运行

下面学习禁止所有磁盘自动运行。

01　执行"开始"|"运行"命令，如图 14-16 所示。

02　在运行中输入 gpedit.msc，然后单击"确定"按钮，如图 14-17 所示。

03　打开窗口，双击"用户配置"选项，如图 14-18 所示。

04　展开"管理模板"，单击"系统"选项，如图 14-19 所示。

图 14-16　运行

图 14-17　单击"确定"按钮

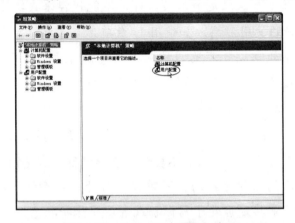

图 14-18　双击"用户配置"选项

图 14-19　单击"系统"选项

05　双击右侧列表里的"关闭自动播放"选项，如图 14-20 所示。

图 14-20　双击"关闭自动播放"选项

06　选择"所有驱动器"，然后选中"已启用"单选按钮，最后单击"确定"按钮即可，如图 14-21 所示。

图 14-21　单击"确定"按钮

14.2.3　防范恶意共享软件

恶意共享软件是指采用不正当的捆绑或不透明的方式强制安装在用户的

计算机上，并且利用一些病毒常用的技术手段造成软件很难被卸载，或采用一些非法手段强制用户购买的免费、共享软件。 安装共享软件时，应注意仔细阅读软件提供的"安装协议"，不要随便点 next 进行安装。

不要安装从不良渠道获得的盗版软件，这些软件往往由于破解不完全，安装之后会带来安全风险。

使用具有破坏性功能的软件，如硬盘整理、分区软件等，一定要仔细了解它的功能之后再使用，避免因误操作产生不可挽回的损失。

14.2.4 防范建议

对于网络交易需要防范的建议如下。

1. 针对钓鱼网站的防范建议

- 对超低价、超低折扣、中奖等诱惑要提高警惕，避免贪图便宜而落入圈套。

- 收藏经常访问的在线购物网站，在网站提交含有个人信息的内容时，检查一下浏览器地址栏，看看是不是自己所熟悉的地址。启用专业安全软件，如永久免费的金山毒霸，及时更新，防止点击钓鱼网站链接。

- 如果安全软件对正在访问的页面弹出警告，应立即中断交易。

- 网购确定付款时，检查收款方账户信息是否正确。不要轻易按对方电话的安排，使用 ATM 或网银转账功能付款。

2. 针对新型交易劫持木马，金山网络安全专家防范建议

- 交易时，如果对方要发文件给你，千万要小心。若发送的文件是 exe、pif、scr 等可执行程序的扩展名，应立即将对方拉黑。发送可执行文件的，基本可以断定为骗子。

- 点击确认支付按钮时，一定要检查收款方信息，如果不是你购物时熟悉的收款方，应立即取消交易。

- 交易过程中，若本机安装的杀毒软件弹出报警消息，应立即中止交易。

3. 针对传统盗号木马的防范建议

● 最好收藏常去的银行网站、在线购物网站。最好不点击从陌生的邮件或聊天工具收到的网站链接。

● 保护电脑安全：安装专业杀毒软件，如永久免费的金山毒霸等，并及时更新病毒库。在许多银行的网站上都免费为用户提供"网银病毒专杀工具"，专门针对盗取网银信息的木马病毒。

● 保护密码：正确使用数字证书，证书可以存放在电脑里，也可以存放在硬件介质 USBkey 里。如果存放在电脑里，就要保护电脑安全；如果存放在 USBkey 里，注意使用后要及时拔出。